可控性混乱

［美］奥瑞·布莱福曼　　［美］朱达·波拉克　著
　　（Ori Brafman）　　　　　（Judah Pollack）

陆红燕　译

The Chaos Imperative
How Chance and Disruption Increase Innovation, Effectiveness, and Success

中信出版集团｜北京

图书在版编目（CIP）数据

可控性混乱 /（美）奥瑞·布莱福曼，（美）朱达·波拉克著；陆红燕译. -- 北京：中信出版社，2024.10
书名原文：The Chaos Imperative: How Chance and Disruption Increase Innovation, Effectiveness, and Success
ISBN 978-7-5217-6293-8

Ⅰ.①可… Ⅱ.①奥…②朱…③陆… Ⅲ.①组织管理学 Ⅳ.① C936

中国国家版本馆 CIP 数据核字（2024）第 014755 号

Copyright © 2013 by Shechinah Inc.
Simplified Chinese translation copyright ©
2024 by CITIC Press Corporation
ALL RIGHTS RESERVED
本书仅限中国大陆地区发行销售

可控性混乱

著者：［美］奥瑞·布莱福曼　［美］朱达·波拉克
译者：陆红燕
出版发行：中信出版集团股份有限公司
（北京市朝阳区东三环北路 27 号嘉铭中心　邮编　100020）

承印者：中煤（北京）印务有限公司

开本：880mm×1230mm 1/32　印张：7　字数：140 千字
版次：2024 年 10 月第 1 版　印次：2024 年 10 月第 1 次印刷
京权图字：01-2021-3316　书号：ISBN 978-7-5217-6293-8
定价：59.00 元

版权所有·侵权必究
如有印刷、装订问题，本公司负责调换。
服务热线：400-600-8099
投稿邮箱：author@citicpub.com

目录

序言　最关键的问题 / V

第一章　混乱：变革与创新之源 / 001
如何改变军队：创造更多的混乱 / 003
世界末日与人类的新时代 / 008
鼠疫与文艺复兴 / 012
当混乱带来生命 / 019
如何激发创新并在体系内传播 / 025

第二章　可控性混乱三要素 / 029
空白空间 / 034
异类 / 036
有组织的意外收获 / 038

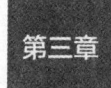

第三章　爱因斯坦的大脑 / 045
痴迷物理的懒虫 / 050
过度秩序化会扼杀创造力 / 052
混乱降临军队 / 056

优质教育需要休息时间 / 058

奥林匹亚学院与相对论的发现 / 063

功夫在课外，功效在课堂 / 066

放空自己可以产生顿悟时刻 / 077

军队中的圆圈 / 079

第四章 **混乱背后的神经生物学 / 083**

更加专注或适当放空 / 085

白日梦有效的四条线索 / 088

默认模式网络 / 093

空白空间带来灵光一现 / 097

顿悟 / 101

晚间散步 / 108

在军队中创造空白空间 / 110

第五章 **裸体冲浪 / 119**

天才与疯子 / 121

为电子游戏角色赋予生命 / 127

编织两个世界 / 133

邀请异类加入 / 137

知识就在那里，只需要把合适的人集合起来 / 138

第六章　为意外收获创造条件 / 145

斯坦福招生模式 / 149

筹划晚宴的三个策略 / 154

沙龙和《赫芬顿邮报》/ 157

第七章　三要素汇总：混乱的硅谷 / 161

持续创造新产业的奥秘 / 163

精英社交网络与风险投资 / 165

硅谷之父 / 169

空闲时间也是一种工作时间 / 173

鼓励意外收获的最佳举措 / 175

可控性混乱还在吗 / 178

第八章　可控性混乱的五大规则 / 183

规则 1：不受数据和衡量结果的诱惑 / 187

规则 2：确保混乱是可控的 / 190

规则 3：发挥空白空间的作用 / 192

规则 4：接受异类 / 195

规则 5：安排意外收获 / 199

致谢 / 201

注释 / 205

序言

最关键的问题

思科系统公司的罗恩·里奇声称，生活中有两种类型的沟通者：一种直言不讳、坚守底线，另一种喜欢通过讲故事、摆证据得出结论。[1] 罗恩将这两类沟通者分别称为"演绎式沟通者"和"归纳式沟通者"。我意识到我属于后者。我通常不喜欢直接跳到最关键的问题，在这本关于混乱的书中尤其如此。我更喜欢用一个好故事来阐释我的观点。

但对演绎式沟通者来说，最关键的问题是：在生活和工作中，我们需要我所说的可控性混乱。我们可以举办一次完全没有议程的会议，或者把意料之外的人带入自己的圈子，这些都会给我们带来极大的收获。我的研究表明，一定程度的混乱能够带来我所说的"有组织的意外收获"——在这种情况下，新的创意似乎会凭空出现。

令人惊讶的是，混乱会让我们在职业生涯中更有效率。它让学校制度更加完善，让商业活动更具创新性，甚至有助于建立一支适应性更强的军队（我在美国军队的工作经历能够证明）。

这就是最关键的问题。现在让我给你们讲个故事。

第一章

01 混乱：变革与创新之源

如何改变军队：创造更多的混乱

我和马丁·登普西上将曾同坐在一间办公室里，在他当上美国参谋长联席会议主席的几个月前。当时，他想找我帮个忙。

登普西年近六十，留着一头银白色短发，穿着作战服，颇有高级军官的派头。但与他一交谈，我对他的刻板印象就被打破了。他和蔼可亲，精通文学，尤其是经典作品，说话温和，为人实在，且常常面带笑容。

我与登普西上将的会面地点是他位于弗吉尼亚州门罗堡的办公室。那是一个狭长的房间，每面墙上都装饰着牌匾、礼仪佩剑和在战场上拍摄的照片。

谁承想，就在三天前，我还穿着短裤和人字拖，坐在北加州的草坪上，远眺一处有机园圃，和旧金山的朋友聊起了在音乐露营活动中"营造氛围"的重要性。（音乐露营活动就是数百人拖着一堆扬声器和电源，浩浩荡荡地来到树林里，DJ会在那里播放音乐。）

而此刻的我却坐在东海岸的一处军事基地里，身上的晒伤还未痊愈。挂在墙上的剑沉凝肃杀，一尘不染，剑锋锐利，质感非常真实。我感觉自己有些格格不入。我之前对军队的认知仅来自好莱坞的战争片，还有小时候在以色列看到士兵扛着乌兹冲锋枪的场景，但那已是全家搬到美国之前的事了。（我的父亲并未达到以色列部队的征兵标准，所以他在服义务兵役期间被分配到了一个基布兹①，工作内容就是收割香蕉。）后来，我在加州大学伯克利分校主修和平与冲突研究。我现居旧金山，是一个素食主义者。

犹记得那天早上，我走到登普西上将的办公室时，方才意识到自己其实不懂任何像样的礼仪。我在心里嘀咕：要向将军敬礼吗？（你如果是个平民，其实不需要敬礼。）要称呼他为"先生"吗？（我后来直接叫他马蒂。）要注意自己的用语吗？

---

① 基布兹是以色列的一种高度自治的集体社区体制，传统上以务农为主，现在则历经转型，兼事工业和高科技产业。基布兹是以色列的重要特色。——译者注

（我俩其实都挺随意的。）我甚至不知道将军制服上的四颗星是什么意思——我得去查维基百科。

即便如此，我俩还是面对面坐在舒适的棕色皮沙发上。这本是一次非正式会议，但就在几英尺①外，他的七名身穿制服的工作人员一直在奋笔疾书，就像是一队训练有素的士兵摆出了严阵以待的架势——随时准备好应对任何突发情况或突然袭击——但其实只是记录你去叔叔家的一举一动而已。

登普西谈到他担任伊拉克战争的最高指挥官之一时，我注意到我们之间的咖啡桌上有一个鞋盒大小的长方体木盒。我很好奇，便问他里面装的是什么。原来，里面的东西就是他找我帮忙的原因。

他打开盒子，拿出了像棒球卡一样的东西。但每张卡片上并不是运动员的照片，而是穿着制服的士兵照片。"这些战士，"登普西告诉我，"都是在我指挥的战斗中阵亡的。"盒子上的铭文很简单：英灵不朽。（Make it matter.）登普西至今仍与烈士家属保持着联系。他把一张又一张卡片递给我的时候，我能感觉到这些卡片似乎承载着他那沉甸甸的责任。

后来我才发现登普西其实深受士兵爱戴。他不是一般人所

---

① 1英尺约为0.3米。——编者注

了解的那种固执己见或唯我独尊的独裁者。在他职业生涯早期，他是西点军校的英语教授，学生们依旧记得他对莎士比亚情有独钟。后来在伊拉克服役时，他所在的师已在前线奋战了很长时间，实际上就在科威特边境①，本打算回家，可就在最后一刻接到命令，要在伊拉克再待上几个月，参加攻打费卢杰②的战斗，那是伊拉克战争中最艰难、最残酷的战斗之一。登普西在战斗前的一段讲话后来广为流传，他告诉士兵们，他们虽然已经履行了自己的职责，但暂时无法回家。他没有避重就轻，而是坦诚地告诉大家，战争从来都是异常艰险的。

和许多人一样，我始终认为美国军事领导人会坚定不移地支持美国的对外交往和冲突。但登普西的语气，如同我后来遇到的许多高级军事领导人一样，要微妙得多，也发人深省。他递给我一张又一张卡片，每张卡片上都印着一张年轻的面孔，他谈到了他多么不想再往那个盒子里添卡片。

他告诉我，他意识到军队的运作模式过于僵化，过于关注官僚主义，而不讲究效率。军队深陷文书工作的泥潭，新颖的想法和创新根本没有机会扎根。众所周知，在体制化的军队内

---

① 伊拉克和科威特因边界争议而发生武装冲突。——译者注
② 费卢杰是伊拉克城市，2004年美军、伊拉克政府军和英军联合对城内反美武装分子发动攻势，史称"第二次费卢杰战役"。——译者注

部,再绝妙的想法也会被扼杀。

"奥瑞,"他说,"我该如何改变军队?"

和大多数其他主要机构一样,美国军方为提高效率而发起了一场运动,已经持续一个世纪。在此期间,它创造了更先进的武器,降低了伤亡率,并建立了从加州到阿富汗的补给线。同样,对效率和生产力的追求以另一种形式渗透公司运营以及个人生活。我们杜绝浪费,缩短生产周期。我们仰赖电子邮件和短信与同事和朋友交流,只为它们带来的即时满足感。我们邮寄一个包裹,期望它第二天就会出现在世界的另一端。我们在几个小时内飞越全国,行程达数千英里[①],却会在飞机延误仅半小时时心生怨言。我们已经最大限度地提高效率了,但付出的代价是什么呢?

登普西上将的处境尤其有挑战性。他算得上美国资格最老的军人之一。他面临的挑战不在于军队是否应该改变,而是如何改变。

登普西上将手下有几十万名士兵。你可能会认为,只要他直接下达指令,他的下属就会立马执行。也许确实如此,但他们执行指令的意愿并没有解决登普西真正担忧的问题,即军

---

① 1英里约为1.6千米。——编者注

队缺乏想象力，缺乏创新。在"9·11"事件发生之前，美军、整个美国政府及其执法机构都无法想象恐怖分子劫持飞机并撞击建筑物可能造成何种规模的破坏。同样，在为未来的冲突做准备时，美军会受到过往经验的限制，无法想象什么人或什么事物可能成为下一个敌人或威胁。仅凭简单的指令就想让人变得更有想象力绝非易事。

见我犹豫不决，登普西以另一种方式再次提出他的问题："我们怎样才能提高适应能力？"

"我不确定，"我坦率地回答，"但我认为你需要制造更多混乱。马蒂，你得给军队带来一点儿'鼠疫'。"

然后，我开始给他讲故事。

世界末日与人类的新时代

无法计算出具体死亡人数，因为死亡人数多到令人难以置信，得用百分比来衡量。[1]

伦敦失去了40%的居民，而托斯卡纳则多达80%。[2]

老鼠身上藏着跳蚤，它们随从非洲和亚洲出发的商船一路航行，将鼠疫一并带去。[3]造成鼠疫的细菌如同海啸般席卷了中世纪的欧洲城市,无论是农民还是城里的居民,它都一视同仁地夺走生命——村庄变成了鬼村。总体来看,欧洲人口因此减少了近一半。

1348年,鼠疫来袭,相比亚洲,那时的欧洲非常贫穷,穷到蒙古人甚至懒得征服它。[4] 然而,尽管欧洲贫穷,技术落后,因常年干旱和农作物歉收而实力衰弱,连空气中都弥漫着死亡的恶臭,但它即将开始崛起,占据世界主导地位。当然,欧洲的崛起与其所遭遇的死亡、毁灭、动荡和混乱息息相关。

对欧洲来说,鼠疫带来的并不只是一线希望。事实上,在欧洲走向伟大的进程中,它发挥了重要作用。

鼠疫通过布里斯托尔港进入英国。[5] 在那个年代,老鼠再常见不过了,没有人会注意到从船的跳板跳上码头的老鼠。[6] 更没有人想到,这只身长不过6英寸[①]的啮齿动物,恰好就是带菌跳蚤的宿主,并且很快就会带来浩劫。它匆匆穿过布里斯托尔,其间经过了大约两万名从事贸易的人。[7] 对一只饥肠辘辘的老鼠来说,布里斯托尔绝对是个好去处,从一袋袋谷物被装上手推车开始,它可以一路吃个不停,一直吃到手推车被送到巨大的磨坊里。毫无疑问,它可以在波尔多的葡萄酒桶间肆

---

① 1英寸为2.54厘米。——编者注

意穿梭，或许还能在待出口的羊毛布匹中找到温暖的窝。

在谷物街熙来攘往的人行道上，商人会在4英尺高的被称为"钉子"的铜柱下交易，而老鼠可能会在柱子下窜来窜去。往东，它可以见证港口城镇的造船业正蓬勃发展。大批的木材、帆布和绳索堆得到处都是，静候着被组装成一艘艘承载着这座城市命脉的船。

正是在这个繁忙的商业世界里，带菌的老鼠即将把世界翻个底朝天。[8]老鼠之所以能传播鼠疫，就是因为其看起来微不足道。没有人会注意到一只老鼠在市场里乱窜，躲在小酒馆的桌子底下，或者在当地贵族家的食品储藏室里觅食。老鼠在中世纪的城市和乡村都有活动。穿着长度到脚踝的裙子的酒馆女招待、厨房里的厨师，甚至是贵族，都很容易被从老鼠身上跳下来的跳蚤叮咬。

人被跳蚤叮咬了之后，起初不会有明显的变化[9]，因为鼠疫杆菌有2～8天潜伏期。但不出一周，被感染的酒馆女招待就会瘫倒在地。厨师可能已经开始抽搐、呕吐，或者更可怕的是，他会不受控制地大笑。贵族大概已经躺在床上了，四肢的疼痛使他虚弱不堪。他们有高热症状，所有人的体温都会飙升到40摄氏度左右。

再过几天，感染者的颈部、腋下或腹股沟就会出现鸡蛋大小的肿块，也就是淋巴结肿大，腺鼠疫因此得名。死因通常是包括心力衰竭在内的身体衰竭或内出血。总的来说，被感染的人总共只能熬 10 天左右。

除了跳蚤叮咬的传播途径，还有两种途径。一种是通过接触感染者的血液传播，但在这种情况下，细菌的存活时间不超过一天。另一种是通过空气传播，细菌会攻击人的肺部，导致人呼吸短促，并且肺部会产生大量黏液。这是最容易在人与人之间传播的途径。首先是一个人接一个人，接着是成千上万的男女老少死亡——不仅仅发生在布里斯托尔，也在整个欧洲大陆蔓延。在读《启示录》长大的中世纪欧洲人眼中，这就是世界末日。

鼠疫本应是欧洲的末日。

但事实并非如此，它带来的转变简直不可思议，连历史学家都无法解答[10]：在 150 年的时间里，人类历史上一眨眼的工夫，欧洲人发现了新大陆，发明了印刷机，发展了油画，生产了第一副眼镜，制定了版权法，此外，令许多人欣喜若狂的是，用蒸馏法生产了第一瓶威士忌。转变不仅有这些，很快还有其他的创新飞跃接踵而至——牛顿的万有引力定律、现代银行系统、民主革命，以及工业革命。

欧洲从微不足道到不值得征服，到经历一场全大陆的复兴，成功转变为世界上最强盛的地区。当然，问题是如何做到这一点。

历史学家戴维·赫利希写道，鼠疫"确保了中世纪会是西方发展的中间阶段，而不是最后阶段"。他声称，其中一个主要原因是"后鼠疫时期是人类的新时代"。

鼠疫与文艺复兴

虽然中世纪的教会和现代美国军队的目的和目标截然不同，但两者在其他方面却有很多共同点。两者都有等级制度，也都受中央总部控制——前者是梵蒂冈，后者是五角大楼——而且运作规模都相当庞大。中世纪的教会甚至可以被视为一种公司，有总部和地区办事处，也有管理层级。

现在想象一下，天主教这家"公司"正遭受鼠疫的蹂躏。在鼠疫暴发之前，教会因无法整合来自外部的知识而变得衰弱。教会对来自希腊和罗马的古代知识持怀疑态度，无论是哲学还是建筑学，但这并不代表教会里没有人在研究这个世界。问题是，研究外部世界的路线，甚至现实本身都是由教会的教义来定义的。如果你在物质世界中发现的一些东西与教义相悖，那么你所发现的事实一定是错误的。因此，尽管教会的意图并非如此，却改变不了它正在扼杀进步的事实。

以下有一个例子，说明了教会对一些古代知识的漠视。[11]作家薄伽丘描述了他走到卡西诺山本笃会修道院时看到的景象。由于鼠疫肆虐，修道院已是半空。图书馆没有门，里面杂草丛生，随意堆放着积满灰尘又破旧不堪的古代手稿。薄伽丘震惊地询问发生了什么事，结果被告知，修士会从手稿上撕下羊皮纸，当作护身符卖掉来赚钱。

薄伽丘想方设法，希望能多拿一些被磨得发亮的手稿和羊皮纸，将其夹在腋下带走并保存起来。他对古代手稿的热爱使他有别于修道院的那些修士。但是，修士会如此漠视这些手稿中的知识也不足为奇。几个世纪以来，西欧很少有人读过古罗马人或古希腊人所写的文字。

当时，《圣经》是中世纪欧洲主要的知识载体，因为信仰远远重于理性。[12]正如圣安瑟伦所说："我先信仰，然后理解。"这是中世纪欧洲的主流范式，也是教会权力的来源。

薄伽丘是另一类人，他信奉人文主义哲学，人文主义者除了相信个人的重要性，还欣赏古罗马人和古希腊人的著作，尤其是亚里士多德和西塞罗的作品。[13]然而，亚里士多德规定了

第一章 混乱：变革与创新之源

一种理性探究的体系，一种对事实的探索，这与教会信仰至上的使命相悖。因此，教会对人文主义者怀有敌意。当人文主义者试图在旧的教堂图书馆搜寻古代手稿和文本时，教会早已禁止天主教徒教授有关亚里士多德的内容。

但这一切都随着鼠疫的暴发改变了。

鼠疫席卷欧洲时，欧洲社会有着虔诚的宗教信仰。[14]从人出生到死亡，天主教会在生活的方方面面都发挥着重要的作用。在鼠疫蔓延时，是神父坐在垂死者的床边，安慰他们，并进行临终祈祷。因此，神父比其他人更容易接触鼠疫，神职人员死于鼠疫的概率也比其他人高得多。修道院制度是中世纪教会的支柱，但几乎被鼠疫摧毁殆尽。

鼠疫的暴发在精神层面上对教会造成的损害可能更为严重。曾经的教堂挤满了礼拜者，鼠疫肆虐期间却空无一人——那些没有因疾病而丧生的人的信仰受到了考验。如果正如他们所信仰的那样，鼠疫是上帝的惩罚，那么为什么有那么多神职人员死亡呢？于是，人们开始相信这是世界末日降临了，想要狂欢的情绪占据了上风。曾经是教区居民的人去墓地参加狂欢派对，妓女们开始在墓碑间拉客。

但受影响的不仅仅是下层阶级。鼠疫具有很强的传染性，这意味着它没有任何阶级歧视：富有的贵族和贫穷的农奴都得向它屈服。这意味着，除了病原体本身，鼠疫传播的还有宗教信仰的丧失。

以神父和其他宗教人士的死亡为例，许多最终死于鼠疫的贵族将教会从他们的遗嘱中剔除，转而将自己的钱用于建立新的高等教育机构。1348年，鼠疫席卷欧洲，布拉格大学成立。1348—1372年，剑桥建立了四所新学院，牛津建立了两所。维也纳、克拉科夫和海德堡都建立了大学。这些新建的大学让更多的人可以接受教育，因此更多的人得以接触人文主义者的教导。

事实上，随着人文主义者涌入大学，大多数教师和学生是人文主义者。[15]他们都爱上了亚里士多德探究理性的过程和西塞罗在修辞学方面的才能。

换句话说，尽管神父的消亡如他们的死亡一样悲惨，却开辟了我所说的空白空间。[16]空白空间是混乱的三要素中的第一个，你可以利用它，从而变得更有效。我们稍后将对空白空间进行更加仔细的研究，但现在要把它看作一个不受既定结构约束的时间、地点或系统。空白空间犹如一块空白的画布，是一个新的开始。

对天主教会来说，神职人员短缺创造了空白空间。由于迫切需要新的神父，教会引入了以前被认为不适合或不配担任神父的人。这是混乱的第二个要素——对引入那些"想法不寻常"的异类持开放态度，而这些人原本不是系统的一部分。就教会而言，鼠疫过后新招募的神父都是大学毕业生，在很大程度上，他们信奉的是人文主义哲学。教会在将他们纳入神职人员的过程中，无意中将亚里士多德也带了进来。

接受了大学教育的新晋神职人员将对古代思想家、工程师、艺术家和建筑师的钦佩也带入了教会。人文主义者及其在教会中的存在产生了连锁反应，这些连锁反应持续了几个世纪，并最终引领了文艺复兴。

1419年，佛罗伦萨举行了一场比赛，看谁能完成圣母百花大教堂穹顶的建造。这座教堂历时一百多年还没有完工。[17]但没有人知道如何建造一个独立的砖砌穹顶。古罗马人之前就找到了答案，但他们关于建筑的著作早在那个无知且无视科学知识的时代里丢失了。

最终，一位名叫菲利波·布鲁内莱斯基的建筑师赢得了比赛。他通过研究著名的古罗马建筑万神殿的穹顶，解决了圣母百花大教堂的穹顶问题。布鲁内莱斯基研究了人文主义者搜集的旧文本。他利用旧文本中被宣布禁止使用的知识，发明了新的机器，帮助吊起建筑材料。他没有借助木材搭建的脚手架，却成功建造了一个巨大的八角形砖砌穹顶。

有一个在铸造厂工作的热心的年轻人帮助布鲁内莱斯基制造新机器。他对机器很着迷，还经常去教堂看机器是如何工作的。他的名字叫达·芬奇。后来，他还为将人文主义者的遗产传给后代做出了卓越的贡献。

与此同时，还有一个年轻人在佛罗伦萨大学做研究。[18] 他是一名医生的儿子，名叫托马索·巴伦图切利，他的研究与人文主义者日益上升的影响相吻合。

巴伦图切利世俗兴趣广泛，包括建筑、科学、历史和文学。起初，他是博洛尼亚主教的事务总管，后来成为教会的外交传教士，教会派他去哪里，他就在哪里收集书籍。在成功成为一名外交官之后，他被任命为枢机主教。1447年，他当选教皇——尼古拉五世，是第一位人文主义教皇。

这位人文主义教皇做了什么？他修复了古罗马的引水渠，并开始建造圣彼得大教堂。在他管理的一座教堂里，尼古拉（库萨的）枢机主教用理性发明并制作了第一对镜片来矫正近视。尼古拉五世还建立了梵蒂冈图书馆，该图书馆至今仍是世界上最伟大的知识宝库之一。

就在一百年前，几乎所有《圣经》中没有的东西都被教会宣布为异端。而此时，梵蒂冈正在收集古代书籍，并对其进行抄写和保护。教会经历了一次巨大的文化转变。

随着这一转变和鼠疫造成的空白空间出现的新的开放，意大利天主教会完全有能力从君士坦丁堡的陷落中获益，这次陷落标志着全球权力的大转移。[19] 1453 年，这座博斯普鲁斯海峡上伟大的基督教城市落入奥斯曼土耳其人手中。

这本该是对教会的沉重打击。几百年来，君士坦丁堡一直是一个学习中心。但是它的希腊公民背着书，抱着书，用马车拉着书，逃到了西方。到达意大利时，这些异类，连同他们的知识和手稿，都受到了欢迎。教皇尼古拉五世命令梵蒂冈图书馆的采购者去购买他们的文本，让他们的知识得以保存。

人文主义者引发的对知识的新渴求使得对书籍的新需求急剧增加。传统上，书籍都是手抄的。[20] 欧洲各地成千上万的修士以每天两三页的速度，连续几天一丝不苟地抄写手稿。在鼠疫暴发之前，劳动力资源丰富且廉价，手抄书籍的做法是行得通的。

然而，鼠疫夺去了许多修士的生命。结果如何呢？不再有廉价的劳动力。

与此同时，随着这么多人死亡，有成堆的衣服被丢弃。[21]因为没有人穿，这些衣服只能被烧掉，熊熊烈火照亮了整个天空。不久后，人们开始把衣服煮成纤维，然后做成大量的棉浆纸。因此，当劳动力昂贵而稀缺时，纸张突然变得廉价而充足。

到 15 世纪，出现了一系列有趣的事件：对书籍的高需求、廉价的纸张供应、创造一种节省劳动力的印刷设备的经济激励，以及来自君士坦丁堡的大量前所未有的文本。约翰内斯·谷登堡和他的印刷机随之而来。在这些因素的背景下考虑他的发明的影响，这些因素使其成为可能：如果不是因为鼠疫，人文主义者就不会掌权，书籍的需求也不会激增；劳动力会一直很廉价，纸张会很稀缺。换句话说，如果没有鼠疫，可能就不需要谷登堡的印刷机了。

只需要一只带菌的老鼠。它在城市中穿行，摧毁了当时的制度，几乎在社会的各个方面都产生了涟漪——推动了建筑的进步，促使教会更容易接受科学和理性，甚至促进了印刷机的发明——并将欧洲从黑暗时代带入文艺复兴。

当混乱带来生命

在我解释了鼠疫对欧洲的影响后，登普西上将打断了我："你是在建议我让军队变得更加混乱吗？"

"是的。"我说。

登普西上将感到惊讶是可以理解的。在公司、社区的其他组织以及个人生活中，我们都努力将混乱及其不可预测性和不确定性降至最低。根据定义，混乱是组织的敌人。我们参加过一些会议，缺乏明确的流程造成了无休止的时间浪费，使得会议效率低下。我们看到了世界各地发生混乱的画面，比如海地地震后有成千上万的无家可归者。我们努力面对混乱，就好像它是一头不守规矩的野兽，而我们尽可能地控制它。

但如果混乱有另一面呢？混乱带来的收获实际上可以帮助我们提高效率吗？它的可变性更大，没有僵化的结构，也没有明确的目的，可能会导致革命性的变化，而不是渐进式的变化，是吗？

科学家们不可避免地会想到混沌理论和蝴蝶效应。制造业中发生的混乱可能会导致生产线瘫痪，生产活动中止，经理们在经历了这样的噩梦之后，也许会在午夜突然惊醒。父母们可能还记得在查克芝士餐厅举办的一场特别的生日派对，孩子们在那里疯狂奔跑。

混乱往往会让人想起组织的缺失、结构的缺乏，没有计划、目标或目的的行动。最终结果往往会导致毁灭。但混乱的核心存在着一个悖论。尽管鼠疫引发的混乱具有巨大的破坏力，但事实证明，它是塑造现代西方世界的熔炉。我们将看到类似的模式一次又一次地出现：混乱创造了空白空间，这反过来使那些不寻常的想法趁机进入。结果便是一种有组织的意外收获，我称之为"可控性混乱"。文艺复兴在鼠疫之后如此迅速地到来，这似乎既神奇又奇怪。但我们会看到，这不是一个随机事件：创造条件是为了促使甚至加速"机缘巧合"的到来。

想想一个穿着破烂裤子的水手独自坐在大海中央一座荒岛上的老套情节。他总是坐在一棵椰子树下。我们都知道那个人是怎么到那里的：他遭遇了海难。但是这棵椰子树是怎么出现在岛上的呢？

世界上有25万种不同的种子。它们进化出了不同的方式，将自己运送到肥沃的土地上。还有许多种子飘浮在空中。想想我们小时候吹的圆圆的、白色的蒲公英种子。种子随风飘走，飞到遥远的牧场。有些种子会黏附在路过的动物的皮毛上。还有一些种子把自己包裹在被我们称为水果的美味中。动物吃掉这些水果，种子就会完好无损地通过它们的消化系统，播撒到森林和田野的其他地方。

在世界上的25万种种子中，只有不到1%的种子能够漂浮在水中。[22]其中只有1/4能在水中存活超过一周。能在恶劣、含盐的汪洋大海中存活的种子更加稀少。椰子是这些不寻常的种子之一。它如同大自然的远洋船只，能够在海上存活数月。

涨潮或者风暴将椰子冲入大海，椰子在海上漂来漂去，最后到达海岸。但是，并非任何土壤都适合椰子树生长。椰子树生长需要热带气候和充足的降雨。最重要的是，它需要充足的阳光和开放空间。如果上方有一个大树冠遮着，它就无法生长。就像中世纪的人文主义者一样，椰子树要想茁壮成长，就需要大量的空白空间，这就是海岸线上有这么多椰子树的原因。强烈的盐雾阻止了大多数植物的生长，为椰子留下了开放空间，使椰子能够在此生根发芽，沐浴阳光，茁壮成长。

最后，椰子登陆还有些机缘巧合。大自然母亲并没有公布适合椰子树生长的岛屿地图。潮汐、溪流、上升流、波浪都是海洋运动的基本形式，椰子就跟随洋流漂流。一个椰子能找出到达海滩的路线是偶然的事情，但这并不是完全随机的。洋流一次又一次地创造了机缘巧合：椰子被冲到挪威遥远的海岸，从斐济漂到加那利群岛，沿岸都长了椰子树。

换句话说，大自然是混乱命令的积极支持者。热带海滩的空白空间欢迎那些不寻常的远洋椰子，这多亏了洋流有组织的巧合。

现在想象一下，如果一个椰子漂进了纽约港。用繁忙的港口来比喻许多人类组织十分恰当。港口缺乏空白空间，所以没有什么不寻常的东西可以扎根。每一寸空间都被征用了，所以椰子也就没有地方可以落脚了。许多公司里也有这样的情况，有人提出了一个新的想法，但公司没有空间让它能够扎根并发展成下一个新的事物。

或者想象一下，如果海洋中没有洋流或潮汐，如果椰子不能随波逐流，它就只会在水中漂浮，哪儿也去不了。它永远不会到达一处新的、空旷的海滩，那它就无法长成一棵椰子树。许多组织也是如此。没有一个系统可以让不寻常的想法自如地流动，那些想法只能在原地摇摆，永远找不到地方扎根生长。

再想象一下，椰子被挖出去并扔掉了，就像许多组织中的不寻常的想法一样。效率图表，精益六西格玛，"making your numbers"（制造你的数字）：这些都是旨在消除差异的系统。在 25 万种种子中，其中不到 0.25% 的种子可以在海洋中漂浮数月，为什么大多数公司会为它们感到烦恼呢？为什么要培养和鼓励一些如此无用和不寻常的东西呢？然而，如果提供了适宜的环境，椰子（不寻常的想法）将具有非凡的创造力。

事实上，大自然喜欢空白空间和异类，即使其在我们看来是混乱的，具有破坏性的。[23] 以红杉为例，它们只在森林大火后生长。森林大火的火焰撕裂树木，像中世纪欧洲的鼠疫一样凶猛，却没有任何区别对待。有些树因高温而爆裂。但一旦大火熄灭，森林的地面就变成了一片空白空间。灌木丛也被大火烧毁。枯木和植物化为灰烬，土壤充分吸收其中的营养物质。

正是在这种环境中，红杉才得以生长。在几年或几十年内，森林再次变得生机勃勃、郁郁葱葱，比以往更加繁茂。

也许位于尤卡坦半岛的希克苏鲁伯撞击坑是这一矛盾过程中最引人注目的例子，它与人类物种进化息息相关。

你有没有试过用两块石头摩擦生火？没试过？我也没试过。如果你试过，你就会知道这需要特定的条件才能生火。一块石头需要有一定的铁含量，另一块是燧石。但这是可以做到的。

6 500万年前就发生了这样的事情，规模之大堪称史诗。[24] 其中一块石头大约有10英里宽，另一块石头则是地球。从本质上说，是一颗有曼哈顿大小的小行星以每小时4万英里的速度在太空中飞驰，烧穿大气层，撞击地球。这次碰撞引发了一场大火，大火吞没了整个星球。

当地质学家勘察这个时代的地层时，他们看到了一条细细的尘埃线。在这条线下面，他们发现了各种各样生物的化石，从恐龙到甲虫。这条线的上方是遭到撞击（混乱）后的地层，他们在此却什么也没发现。这次碰撞摧毁了恐龙和当时几乎所有其他生物。空气中弥漫着大量的灰尘，灰尘长时间遮挡阳光，导致地球温度直线下降。

但有一些物种因不寻常而得以幸存，包括某些植物，以及一些能够在洞穴中和岩石下避难的小型哺乳动物。在这个空白空间，一个几乎没有捕食者的开放的生态系统，其中一些哺乳动物进化成了灵长目动物。当然，其中一个分支进化成了智人。正是因为有组织的意外收获和宇宙毁灭行为使世界陷入混乱，但这同样带来了数千万年前生物多样性的爆炸。

如何激发创新并在体系内传播

我从来没有告诉过登普西上将，我认为军队并不是真的缺乏想象力，而是缺乏表达的空间。

在2003年入侵伊拉克的前几天，士兵们都以所谓的战斗节奏行动。指挥官和他们的手下每周工作6天，每天工作14到18个小时，只有星期日是休息日。有一位名叫史蒂夫·罗特科夫的情报官员，他是一位来自纽约的犹太上校，是个工作狂。

军队中有纯正纽约口音的犹太人并不多，罗特科夫就是其中一位，这是他一个不寻常的方面。虽然罗特科夫工作很出色，但他看起来并不像一个刻板的上校。他在高中的某个暑假就读完了莎士比亚的36部戏剧。

大多数时候，罗特科夫上校会在凌晨4点30分起床，上午11点前一直参加简会。接着，直到下午3点，他都在进行实际的战区准备工作。从下午3点到晚上11点，是他与五角大楼的军队领导人、情报官员的会面时间。

但在周日，罗特科夫和一小群其他军官会聚在一起，就军队及其任务进行公开会谈。[25]罗特科夫说："早些时候，为了使我们之间的联系更密切，让我们的思想更加活跃，我意识到我们需要一点儿无组织的时间。所以，我创建了周日下午的'祈祷会'。"如果你能富有想象力地思考，你就会被邀请加入。头衔并不重要。会议将持续两三个小时，没有议程。史蒂夫会带比萨和啤酒参会。

这些无组织的会议是有意为之，为了给那些新的或不寻常的想法提供足够的空白空间。一天，一位年轻的军官宣布，他有一个理论要介绍给大家。他的演讲题为《萨达姆如何获胜》。在演讲中，他阐述了萨达姆如何越狱，并利用复兴党的组织模式，弄清楚所有武器的藏匿地，并让什叶派和逊尼派互相伤害。

从本质上说，这位年轻军官的意思是，美国军队不会面临伊拉克政府的暴力，而将面临一种不受束缚的、受到创伤的文化暴力。萨达姆24年的统治加剧了伊拉克文化中固有的紧张局势，随着萨达姆下台，美军将直接陷入一场宗派血仇。

罗特科夫上校认为这场演讲很精彩，值得探讨。他试图让这位年轻军官与总参谋部的将领会面，但无论他多么努力，他都无法让任何人去倾听。当然，这位年轻军官在那个周日描绘的情况与一年后在伊拉克发生的情况几乎完全一样。

我的观点是什么呢？军队和中世纪的教会一样，是一个庞大的官僚机构，它目标明确，拥有强大的、根深蒂固的、以价值观为导向的文化。对于这样的一个组织来说，它面临的危险在于它可能会变得过于结构化，从而消除了所有的空白空间。异类不会有发言权，新的想法也被扼杀了。一个组织结构悬垂的"树冠"有时会挡住太多的阳光，新的想法无法萌生。

正是史蒂夫·罗特科夫周日小组的开放形式为这位年轻军官展示他的理论开辟了空间。在军队僵化的等级制度中，很少有其他地方能让这样的想法如此自由地表达。

要想获得新的想法，你还需要一些异类。从史蒂夫·罗特科夫身上，你能看到一位犹太上校的想法与周围人不同，这十分罕见。此外，他有一群忠诚的军官，他们连休息日都在从战略上思考他们以前没有深入研究的战术和想法。

你需要的混乱的第三个要素是有组织的意外收获。军队并不会苦于缺乏想象力，而会苦于缺乏有组织的意外收获。这场有先见之明的演讲"萨达姆如何获胜"无法在指挥链上找到出路。如果找得到，军队很可能会制定一种不同的战略：也许它会更谨慎地入侵，在冲锋的同时保护好已占领的地区，不会一头冲向巴格达；也许一开始会投更少的炸弹，因为它知道没有政府可以阻挠；它可能会派出更多的部队，专注于确保和平和城市地区的安全。

　　这确实是登普西上将向我提出的问题：一个组织如何鼓励创新想法，并允许它们在体系中传播？答案是，你需要在更大的组织内制造一些小范围的混乱。这就是《可控性混乱》的全部内容。在本书中，我将探讨将军、教师、企业高管，甚至电子游戏设计师是如何在其既定的结构和惯例中制造混乱，以激发新的想法，并让这些想法扎根和发展的。我将探讨混乱的三要素——空白空间、异类，以及有组织的意外收获，并展示它们是如何被有意识地创造的。但首先，我需要定义我所说的"混乱"这个词的含义，并探索如何在一个现有的组织内制造一些混乱。

第二章

**可控性混乱
三要素**

在成长的过程中，雨天对我和哥哥罗姆来说是一种特别的享受。我们会把客厅里所有的家具都搬出去，再从壁橱里拿出一个绿色的大盒子。我们知道，要不了多久，我们的公寓里就会挤满十来岁的孩子，他们来这里的目的只有一个：玩游戏。

有一年，我父母去意大利旅行，带回了一张小型轮盘赌和牌桌，我和哥哥好像突然找到了我们的使命——为小孩子们开一家"赌场"。我们有时玩塑料筹码，有时玩糖果或弹珠。我们每次都要玩几种游戏，但我们的专长是纸牌，从比大小到21点，再到基本的玩法。

这一切十分有趣，大家都玩得不亦乐乎，直到一个名叫亚龙的孩子出现。亚龙性格开朗、充满活力，但他无法忍受输掉游戏。在玩游戏的过程中，但凡他觉得自己的胜算不大，就会突然大喊"龙卷风！"，并把所有的牌打乱。第一次这么干令人恼火，第二次就令人生厌了。很快你就明白，你再也不会邀请亚龙和随之而来的混乱了。

事实上，混乱的核心之处存在一个悖论。如若任其发展，混乱将会造成严重的破坏，摧毁其所经之处的一切。然而，这些巨大的破坏行为往往发生在创造力的飞跃之前。那么，问题来了，我们是否能做到两全其美？我们能否利用混乱的力量而不遭受其破坏？有没有办法可以让我们在混乱中利用创造性和创新的潜力，而不会造成破坏？

我认为，解决办法就是"可控性混乱"。一点点混乱是值得提倡的，但需要限制在边界内，这对一个组织的整体活力大有裨益。

以亚龙和他的纸牌游戏为例，或者更具体点儿，只说扑克牌。[1] 一场5张牌的组合游戏，可能的组合多得惊人，竟然可以打出2 598 960手牌。但在这些组合中，只有40种会产生同花顺，也就是最大的一手牌；同样，只有624种可能的方法可以获得4张相同的牌，这是游戏中第二大的一手牌。

显然，如果让亚龙加入游戏，局面可能就会陷入不受控的混乱，整个游戏会被毁掉。但是，如果我们加入一点点混乱，你得到一手好牌的概率会发生什么变化呢？我喜欢把它想象成亚龙被一个保护性泡泡罩着。在这种情况下，如果我们去掉任何一张牌，换成一张小丑牌，即万能牌，那么5张牌的组合会发生什么变化？其效果非同寻常。获得同花顺的方法从40种变成了184种。当我们想要获得4张相同的牌时，万能牌的作用就更加显著了：我们将可能性从624种增加到3 120种。

好好想想吧。增加一张万能牌，包含一点点混乱，就会让你获得一手妙牌的概率增加好几倍。当你手中的扑克牌点数最小的时候，如果你有两张相同花色的牌，只要再加上一张万能牌，你就有了15万种以上的解决方案。

当然，扑克牌的统计数据、规则和可计算的赔率是另一回事。不要以为只要给一个组织增加一张万能牌就万事大吉了。我们不能想着只要让亚龙加入我们的团队，然后就希望组织中的每个人都能因此积极表现。

然而，我们发现，你可以分离混乱的要素——空白空间、异类、有组织的意外收获，而这些反过来会给你决策的制定注入一些可控性混乱。让我们来快速看一下这三要素。

空白空间

如果你在 2012 年 6 月的任何一天,去参观 37signals[①] 在芝加哥的总部,你能看到的东西……不会很多。[2] 会议室没人,办公桌边也没人,事实上,公司里的灯都关了。你可能会想,这家公司是不是已经倒闭了。

几周前,其首席执行官贾森·弗里德宣布,整个公司将"有效地从非必要的计划/分配的任务中抽出一个月休息,看看我们在没有任何计划/任务或任何其他的情况下能做些什么"。这样做并不是为了削减成本或进行大规模的调整。全公司休息一个月实际上是进行了一次对生产力的实验。

所有员工继续领薪水,但没有工作日程,也没有任务,这是在有意营造一个缺乏周密安排的环境,留下的只是空白空间。弗里德解释道:"我们的理论是,当人们有很长一段时间不受干扰时,我们会看到更好的结果。一个月,不仅让大家能挤出一些时间去做一点儿个人的事情,还包括思考的时间。"

这么做当然很大胆,比较容易愤世嫉俗的人可能会想象:员工们会漫无目的地上网,花很长时间与朋友们共进午餐,重

[①] 37signals 是一家私人控股的网络应用公司,总部设在美国伊利诺伊州芝加哥市。——译者注

温他们最喜欢的电视节目的旧剧集。

事实上，在刚开始的几天里，员工们只是尽量习惯他们不用承担日常责任的事实。但不久之后，正如弗里德在《公司》杂志专栏中所描述的那样，来自公司各个部门的人都提出了"销售我们产品的新方法，让客户了解我们系统状态的更好方法，用更好的服务为客户带去惊喜，用更好的方法将新员工介绍给公司其他部门。我被他们的创造力、完善力和执行力折服了"。

当然，并不是每个组织都能给员工一个月的时间来做非必要的工作。但神经科学的新发现告诉我们，不需要给人们整整一个月的休息时间来获得空白空间所带来的创造性的好处。其实，只要有一点点时间就足够了，只不过，我们生活在一个试图每时每刻榨取效率的社会。在接下来的章节中，我们将看到阿尔伯特·爱因斯坦如何利用空白空间得出他最重要的发现，学校如何发现利用课间休息的空闲时间可以提高学生的成绩，以及神经科学家如何发现当我们处于空白空间时，我们的大脑会出奇活跃、高效。

异类

2012年11月9日，也就是奥巴马击败米特·罗姆尼的大选后的周五，弗兰克·纽波特宣称："我们不会'预测'选举结果。"[3] 这是我们最不想听到专业民调专家说的话之一。"我们也不对选举团进行预估。"考虑到弗兰克·纽波特是盖洛普（没错，就是盖洛普咨询公司）的主编，这份声明尤其奇怪。

盖洛普民调小组因为错误地预测了美国大选的结果而备受谴责。纽波特在试图辩解时说："最终，盖洛普的全国普选预测，普选票数非常接近，统计数据显示米特·罗姆尼和奥巴马的得票率分别为50%和49%。尘埃落定后，罗姆尼获得了48%的选票，奥巴马获得了50%的选票，这意味着盖洛普对罗姆尼的预测偏差在两个百分点以内，对奥巴马的只有不到一个百分点。"这听起来像是你在大学统计课上因为搞砸了一个项目而给出的那种笨拙的借口，而不像是出自美国最有名望的民意调查机构的声明。

然而，更令人震惊的是，盖洛普并不是唯一一家做出错误预测的公司：拉斯穆森报告、美国研究集团和梅森-狄克逊等老牌公司也在其列，所有这些公司都错误地认为这次选举对罗姆尼有利。

在大选前的几个月或几周里，几乎在任何地方，你都能看到那些在选举日被证明是非常不准确的预测。失败的预测随处可见——无处不在，除了纳特·西尔弗撰写的《纽约时报》博客"FiveThirtyEight"。西尔弗不仅准确预测了奥巴马在2012年大选中的胜利，还准确预测了奥巴马将赢得多少选举人票，并准确预测了除北达科他州外的每一场参议院竞选的结果。

那么，这位统计大师的无与伦比的政治直觉是从哪里来的呢？他又是在何处磨炼自己的方法论的呢？答案是棒球，没想到吧。西尔弗花了6年时间在"棒球简介"（Baseball Prospectus）网站上工作，预测棒球运动员的表现和整体发展。[4]

现在看来，虽然弗兰克·纽波特在技术上确实有道理，但盖洛普的业务是在各种问题上为国家把脉，而不是去实际预测选举的结果。事实证明，西尔弗是做预测的最佳人选。

这是因为棒球是可预测结果的。在棒球比赛中，无论你是经理、赌徒还是球迷，你都想知道一支球队或球员的表现。你已经了解现在的情况了，因为统计数据和输赢记录会告诉你这一点。管理层想知道是应该留住一名球员还是把他签给别的队。主教练想知道是应该让一名球员当替补还是让他上场。球迷们想知道一名年轻的球员是否会帮助球队夺得世界大赛冠军。赌徒们想知道一支球队在某一天获胜的概率是多少。

纳特·西尔弗把他从棒球中学到的东西运用到政治领域。起初，这个想法似乎十分离谱，以至于西尔弗不得不使用一个化名，自称"波布拉诺"。为什么要这么遮遮掩掩？因为你根本不可能想到的选举预测专家是一位棒球统计学家。

我把像西尔弗这样的人称作异类。异类似乎不属于他们所处的领域，他们有一种倾向，即把看似截然不同的世界编织在一起。在这本书中，我们将看到不止一个纳特·西尔弗。从DNA（脱氧核糖核酸）测序的方式到我们玩电子游戏的方式，从思考如何随音乐跳舞的方式到在《财富》世界500强公司工作的方式，我们将看到异类如何让一系列领域发生革命性改变。

有组织的意外收获

莉萨·金博尔看起来并不是一个特别具有颠覆性的人。[5]她的头发仍是年轻时的红色，经常穿紫色的衣服，还常把眼镜戴在头顶上，偶尔也会忘记把眼镜放在了哪里。当她为小组提供帮助时，她会向后靠坐着，一只脚伸出去，带着会心的神情观察参与者。你必须仔细观察才能看到她的颠覆性——她眼角闪现的恶作剧之光。

就像纳特·西尔弗深入研究政治一样，曾是一名小学教师的莉萨，似乎是你最不想招募来做对抗致命病原体研究的人，这种病原体在美国造成的死亡人数比艾滋病毒/艾滋病还要多。

抗甲氧西林金黄色葡萄球菌（MRSA）是一种耐抗生素的葡萄球菌，这意味着大多数药物在对抗它时是无效的。更可怕的是，感染MRSA最简单的方法是去医院。这似乎还不够糟糕，医院的MRSA感染率正在以惊人的速度上升。

关于MRSA的好消息是，它是完全可以预防的。医院工作人员所需要做的，就是每次见病人后都要仔细洗手。这似乎很容易做到。但坏消息是让医务人员去洗手似乎比你想象的要难，信不信由你。这并不是说医生缺乏个人卫生习惯，而是在医院这么一个繁忙的环境中，时不时就要停下来去洗手总是很难做到。

医院首先试图通过教育其工作人员来对抗MRSA的传播。显然，其逻辑是人们如果知道简单地去水槽清洗一下便可以拯救生命，就会百分之百遵守规定。因此，全美各地的医院里都张贴着宣传卫生美德的海报。有些海报的风格实事求是：停下来！想想……去洗手！而有些海报则是比较诙谐的：不要让感染进入你的皮肤。无论是哪种方式，它们所传达的信息都是一样的：洗手！

尽管这些教育海报以及相关的小册子、标志和徽章的初衷是好的，但收效甚微。"信息不会改变行为，"莉萨打趣道，"要是能改变，我们谁都不会吸烟，也都会用牙线。"

莉萨的理念是，与其试图自上而下地实施变革（印刷大量海报告诉人们该做什么，或者尝试执行严格的指导方针），我们实际上最好制造小混乱。她的想法是，在这种混乱中，可能会浮现解决方案。而莉萨所做的就是努力培养意外收获。

这个有组织的意外收获的产生过程是如此微妙，除非你密切关注，否则你极有可能完全忽视它。

莉萨通常会先召集一大群人：护士、助手、行政人员、工程师、秘书、门卫。她解释道："拥有一个多样化的团队是很重要的。"

如果我们置身其中一个小组里，和不同的人谈论各种话题，我们就很容易认为他们的话题过于混乱，没有重点。但这正是重点所在。"这有点儿像爵士乐，"莉萨笑着说，"一场古典音乐会太死板了。随机产生的噪声太令人不快了。你需要结构化，但你不能拘泥于结构化。"

莉萨的方法特别有趣，无须严格管理就能行之有效。"最让我感到自豪的时刻之一，"她笑着说，"发生在我不在场的时候。"

在莉萨离开一个医院小组后，讨论大致转向了为那些确认感染 MRSA 的人洗澡的恰当方案。"显然，你应该用热一点儿的水，"莉萨解释道，"但后来有一个护士插话：'好吧，这是个问题，因为我们侧厅没有热水。'"

其他成员面面相觑，难以置信。毕竟，这是一家现代化的医院。其中一名工程师表示怀疑，想亲眼看一看。他和护士们以及其他人一起乘坐电梯前往侧厅，在水龙头下面插上温度计，打开热水，然后等着。果不其然，本应该滚烫的水，流出来时却是冰冷的。

当被问及在没有热水的情况下如何应对时，护士们描述了一个只有在 19 世纪 90 年代的罗马尼亚贫困社区生活的人才会听说的过程。"首先，"其中一名护士说，"我们必须带着两个水罐到地下室打热水，再把水罐带回来。但给病人洗澡真的需要三满罐热水，所以我们必须跑两个来回。"

显然，缺乏热水影响了对感染的防控，每个人都认为需要采取措施，但问题就出在这里。当时，医院正在进行一次大规模的翻修，但这个没有热水的特殊侧厅至少要再等一年才能开始翻修。改变日程安排将花费医院数百万美元。

然而，高管们没有立即寻求解决方案，或者更糟糕的是，无所事事地等待奇迹降临——他们选择了可控性混乱。他们通过举行公开会议和留出时间进行反思，创造了一点儿空白空间。这一空白空间反过来营造了一种环境，让异类可以畅所欲言。

果不其然，随后的一次会议恰好有一名门卫参加。当一名护士讲述没有热水的故事时，他关切地听着。在谈话的间歇，他清了清嗓子，问道："你确定热水阀开着吗？"护士们茫然地看着彼此，没有人知道这个问题的答案。

这群人又来到侧厅，跟着门卫穿过大厅，来到一个堆满清洁用品的杂乱的壁橱前。门卫立即开始清理扫帚、拖把、水桶，甚至一个污水池，露出后面的管道和阀门。

因为医院太老旧了，阀门上的油漆脱落了，护士们看不清阀门是开着还是关着。大家都认为，如果有一个阀门，它理所应当是开着的。门卫转动阀门时，阀门吱吱作响。令这群人惊讶的是，他们很快就听到了熟悉的水流过管道的声音，就这样，侧厅进入了21世纪，每个水龙头都能流出热水。

当我们花时间反思时，我们经常会看到自己所在的组织变得如此庞大、如此规范，以至于我们陷入了流程、无休止的会议、自上而下的备忘录和指令的泥潭。与此同时，最终可以节省数百万美元的知识很可能存在于最意想不到的地方。

门卫掌握了解决方案的关键，这是意外收获，但这是在这个过程中故意设计的意外收获。莉萨说："这不是你通常在官方工作组中看到的角色阵容。召开会议的房间里没有高管。然而，这个小组发现了解决方案。"

有多少次，为了尽量减少混乱，我们在无意中扼杀了创新？

门卫来参加会议似乎是偶然的。当然，门卫带来了一种机缘巧合的感觉，他想问一下热水阀的情况，从而解决了这个问题。但找到那个缺失要素的机会则是事先计划好的。

有组织的意外收获是指应该尽可能多地参与组织的各个方面。当人们告诉你有问题时，你要倾听他们的意见，然后让他们发现解决方案。毕竟，问题的解决方案很可能就在房间里面。

在接下来的章节中，我们将着眼于松散或开放的结构如何促进更大的成功，在商学院招生、当今的在线媒体和解决各行各业问题中提倡意外收获。可控性混乱的三要素——空白空间、异类和有组织的意外收获——可以帮助大企业和小型初创企业引入更多的创新，推动增长，促进卓越。

第三章
爱因斯坦的大脑

来自欧洲各地物理学家的信件纷纷涌入瑞士伯尔尼大学，信中既提出了疑问，同时也表达了赞扬。[1]他们当中的一些人是当时最受尊敬的科学家。这些信的收件人是同一人——阿尔伯特·爱因斯坦，他在几个月前发表了狭义相对论。但写信人不知道爱因斯坦并没有在这所大学工作。这些物理学家只知道他住在伯尔尼，就以为他是伯尔尼大学的教授。

　　事实上，爱因斯坦当时与这所大学没有任何关系。他是专利局的一名职员。谁都没想到一位政府工作人员把物理学界搞得天翻地覆。

　　众所周知，爱因斯坦年轻时如何在物理学方面取得惊人的进步的故事。据说，他是个穷学生。然而，他尽管完全脱离了学术界，还是在物理学方面取得了开创性的发现。

这简直太不可思议了！一个26岁的年轻人，似乎不知从哪里冒出来的，却提出了一个改变世界的科学理论。仅这一点就是前所未有的。但10年后，爱因斯坦又一次彻底改变了物理学，重塑了我们对引力的理解。今天，在我们心目中，爱因斯坦的名字实际上就是天才的同义词。

大多数人从小就认为爱因斯坦有着聪明、不同寻常的头脑，以他的洞察力和天才般的眼光，用一种全新的方式看待宇宙，因此获得这样的突破。

多年来，科学家们在试图弄清楚爱因斯坦独特的天赋时，最初关注的是他的脑部结构本质。科学家们推断，爱因斯坦有这样非凡的头脑，他的大脑在根本上一定与众不同。

1955年爱因斯坦去世时，验尸官托马斯·哈维理所当然地摘除了历史上最著名的大脑，这是尸检过程的常规程序。[2]然而，他接下来做的是，把大脑放进一罐甲醛里，然后他把罐子塞进一个袋子里，并带着它离开，这就不是常规程序了。哈维认为，保护爱因斯坦的大脑是自己对科学界乃至世界的责任，他这样做是为了让研究人员研究它，并解开爱因斯坦大脑的秘密。

在接下来的几年里，神经科学家，也就是过去所说的神经解剖学家，向哈维询问爱因斯坦大脑的某些部分，努力探寻他的大脑的独特之处。

科学家发现，爱因斯坦大脑中负责数学思维的区域的神经元浓度高于平均水平。[3]这似乎是一条很有希望的线索。然而，这一发现的问题在于，爱因斯坦在数学方面并不是特别有天赋。他的第一任妻子米列娃·马里奇过去常常检查他所有的计算结果并加以纠正。虽然爱因斯坦在数学方面的成就远高于一般的英语或数学专业，但他的发现并不算是真正的数学上的突破。相反，他的相对论重新定义了时间和空间的概念。它们更多的是一套由数学支持的观察宇宙的新方法，而不是一组复杂的数学公式。

另一位科学家玛丽安·C.戴蒙德发现，爱因斯坦的神经胶质细胞比平均水平多。[4]神经胶质细胞构成髓鞘，使大脑的轴突绝缘，从而加快神经元之间的通信。它们还可以作为一个分配系统，在清除废物的同时为神经元带来能量。

然而，只有在爱因斯坦大脑的一个区域发现神经胶质细胞的差异才具有统计学意义。在戴蒙德的实验比较中，爱因斯坦的大脑比其他人的大脑更老。随着年龄的增长，神经胶质细胞会继续分裂，所以，爱因斯坦拥有更多的神经胶质细胞也是很自然的。因此，尽管他的神经胶质网络可能与他的天赋有关，但我们无法确切地知道神经胶质网络的影响。

对爱因斯坦大脑的生理学研究一直在进行。科学家发现爱因斯坦的大脑比平均水平宽。此外，它的重量也低于平均水平。

最终，对爱因斯坦大脑的研究在很多方面都有所妥协，人们对他的天赋并没有产生真正的见解。事实是，我们每个人的大脑构成都有独特的特征。

就连爱因斯坦自己也不认为是他的大脑造就了他。他曾评论说，公众对他的智力水平的看法与现实之间的差距是"荒诞的"。

但如果不是爱因斯坦的大脑起了作用，那么是什么让他与众不同呢？爱因斯坦的天赋与我们说的混乱又有什么关系呢？

痴迷物理的懒虫

19世纪末20世纪初，苏黎世大学的学生们衣着考究，一排排坐在那儿做着大量的笔记，吸着烟，处理复杂的公式。[5] 然而，有一个学生可能不在教室里，他就是爱因斯坦。他常常逃课，然后在班霍夫大街的咖啡馆里闲逛，和咖啡馆里的人谈论物理学的一些新想法。

在夏天，当其他物理学学生在实验室做研究或协助教授发表论文时，爱因斯坦在阿尔卑斯山阿彭策尔地区的美丽小径上徒步旅行。[6]就好像他一整年都是一段杂乱无章的插曲。

这是我们发现爱因斯坦天赋的第一条线索。从表面上看，爱因斯坦是个懒虫。诚然，他是一个痴迷理论物理的懒虫，但他仍然是一个懒虫。

他懒得去上课。[7]他对自己的学术能力缺乏信心，以至于他的一位导师建议他彻底放弃学习物理。当毕业典礼临近时，爱因斯坦是1900届毕业生中唯一的失业者。他的父亲赫尔曼试图帮他找份工作，但没有成功。

想象一下，他可怜的母亲有多么担忧："你必须去上课。""我认识的那个聪明的年轻人怎么了？""你知道，如果你更加努力，你就会惊讶于自己能取得的进步。"对于爱因斯坦父母可能有的反应，人们或许会感到同情。爱因斯坦这种看起来吊儿郎当的样子，会让大多数父母心烦意乱。

但他父母的担忧是徒劳的。实际上，爱因斯坦所做的是在锻炼他大脑中的一个部分，一个非常特殊的部分。

我们大多数人都清楚如何取得成功。我们的价值观认为重视纪律和勤奋、努力工作，以及"不怕吃苦"的理念才是正确之道。"闲逛"只适合那些时间充裕的青少年和流浪汉。我们大多数人都需要集中注意力，努力学习，不断学习。这些价值观都是我们在学校里学到的。在我们的文化中，这些价值观会用各种陈词滥调来表达：全神贯注，做事低调，埋头苦干。

但爱因斯坦根本不是这么做的。正如我们将要看到的，爱因斯坦在发展他的思想时遵循了一个特定的过程——一个与混乱的必要性密切相关的过程。可以说，正是这一点造就了他非凡而不可预测的才华。每个人都可以利用这一点。

过度秩序化会扼杀创造力

想一想你心目中理想的经理或领导者。你认为他或她有什么特质？

我的猜测是，你会说领导者能够高效完成任务，组织性强，能够明确指导下属，是高效的典范。

对大多数人来说，一个游刃有余的领导者或首席执行官，就好像操控着一艘纪律严明的船，他领导的组织受到严格的控制。但是，或许没有哪个组织会比美国军队管理得更严密了。

当我第一次访问美国陆军基地时，我意识到的一件事是，士兵精细计划每一天，先进行体能训练，然后是编队、检查，接下来是开会。

同样的纪律和结构也渗透到许多士兵的个人生活中。我遇到的一位高级军官这样告诉我他的日常生活："我的闹钟在5点响起，我起床查看电子邮件，吃一碗燕麦片，看报纸。我5点45分出门，6点到健身房，7点完成锻炼，然后洗个澡，在7点30分准时坐在办公桌前。"他继续描述接下来的日程安排，但你应该知道会是什么样子的。听到他高度结构化的日常生活，只会让你觉得自己像个懒虫。

虽然我们生活中的大部分时间可能并没有得到严格的管理，但我们的机构、企业、学校和其他组织的结构及设置方式可能没有太大区别。我们参加培训课程，阅读关于如何优化日常生活的书籍；我们安排会议是为了最大限度地提高绩效；我们参加（或被迫参加）时间管理研讨会，是为了帮助我们合理地利用时间。企业使用最新的技术工具，是为了不断追求更高的效率和生产力。我们孩子的日程也被安排得满满当当，从早到晚，经常有不间断的活动，比如上学、跳芭蕾舞、踢足球、弹钢琴，更不用说旅行足球和预定日期的比赛了。

我们努力优化时间，尽可能创造更多的秩序。然而，问题是，我们也为优化付出了高昂的代价。事实上，我们可能在扼杀大脑功能的一个重要部分。

尽管初衷是好的，但过于强调让我们的生活秩序化可能会扼杀创造力、天赋和创新。[8]英特尔公司的互动与体验研究院主管吉纳维芙·贝尔谈到了现代人丧失了对无聊的感受。你可能对此并不介意，但贝尔认为，我们已经用无聊换取了超负荷，我们的移动设备让我们每时每刻都保持联系，一直在娱乐，一直在忙碌。从本质上讲，它们不会让我们感到无聊。但也有一种感觉是我们无法清零的，那就是我们的设备每时每刻都在向我们喋喋不休，以非常具体和结构化的方式要求我们的注意。这与脱离我们的无聊正好相反。我们所有的设备都在非常努力地工作，让我们保持联系，这让我们几乎不可能断开联系。

然而，正如华盛顿大学的马库斯·赖希勒博士和加州大学圣巴巴拉分校META实验室的乔纳森·斯库勒博士的研究表明的那样，当我们脱离接触时，我们大脑中的一个特殊网络会打开，并开始建立创新性的联系。[9]我们将在下一章中更仔细地研究这个网络。现在，重要的是要意识到我们的大脑需要无聊的空白空间来进行创造性思考。组织也是如此。

回想一下第一章中对中世纪教堂的描述。教堂管理严格，方式一成不变，对关于自然世界或人类现状的创造性思考被排除在外。一场灾难性事件从根本上动摇了局势，推翻了几个世纪以来的传统，使欧洲从停滞中走了出来。

同样，如果我们想在自己的生活中培养创造力和创新，我们也需要一点儿混乱。

大多数人都有这样的想法，即我们越有条理，就越有效率（言下之意，我们作为人类就越好）。没有哪个组织的结构比军队更严密。事实上，军队是由严格的等级制度、秩序和结构来管理的。

当我开始在美国军队工作后，我见过很多负责大规模军事项目的上将，比如负责军队新兵训练营项目的上将、负责军队预备役的上将和负责征兵的上将。他们聪明、能干，而且组织严密。毕竟，他们掌管着数十亿美元的开支，并对他们指挥的成千上万的军人负责。

不可避免的是，每次开会之前，我都会接到登普西上将的助手匆忙打来的电话，他问我："会议的议程是什么？"

第一次有人问我这个问题时，我会诚实地脱口而出："谈谈。"

"是的，但谈什么呢？"

"军队是如何努力提高适应能力的。"

"那么，你的演示文稿在哪里？"这个恼怒的助手会问，因为他事先没有收到我的任何信息。

"我根本没准备。我们的议程是自由交谈，没有固定的议程，看看谈话的走向再说。"

我开始意识到军队的世界有多么结构化。对于军队中的高级军官来说，这是完全合理的。他们肩负如此多的责任，希望确保自己的时间得到有效的利用。

但我不禁想到，在适应性思维、灵活性和鼓励创新方面，如此僵化的结构阻碍了军队的发展。我需要向他们传达，当我们不执行任务时，在我们做决策的过程中会发生一些重要的事情。

混乱降临军队

在我和登普西上将的一次谈话后，我们决定尝试一项实验，给制度化的军队带来一些混乱。

我意识到这是多么罕见。登普西上将负责数十万名士兵的训练，负责管理数百亿美元的军费，而他愿意在一个自古以来就被设计用来灌输秩序和结构并遏制混乱的体系中制造混乱。

真实事件发生过，也就是"9·11"恐怖袭击事件，这次袭击给美国军队造成了巨大的影响，如同鼠疫对中世纪教堂的影响。20年前，军队将领们最不愿意做的就是坐在一起，试图弄清楚如何给他们运转良好的"机器"带来混乱。

但在一次大胆的行动中，登普西上将认识到，要想改变体制，让军队能够适应现代战场，就需要引入我所说的混乱。为了创建一个更自然的过程，让新想法脱颖而出，要将结构和效率搁置一旁或封锁。

我向登普西上将解释道："你知道，我们无法准确地计划由此产生的结果。我们故意做一些破坏性的事情，预测不了结果会是什么。但是，我相信的确将会发生一些事情。"

登普西上将理解了，并表示同意。"你知道，奥瑞，我心里并没有定论。我们不知道未知的结果。"

在军事世界中，最终状态是一个指示或命令的最重要部分。例如，如果你向一座山丘冲锋，你想要的最终状态是占领制高点。如果你入侵一个国家，你想要的最终状态是打败敌人，迫使他们尽快投降。无论命令是什么，为了采取行动，你都需要一个预期的最终状态。

"所以我们开发了一个项目，"我告诉他，"但我需要请你派顶尖人才参加这个项目。若想要这一项目有成功的机会，我们就需要最高层的支持。"

一位40岁出头的军官坐在桌子的最前面，登普西上将毫不犹豫地指着他说："戴夫，你去。"

我发现，登普西上将的首席战略家戴夫·霍兰上校在思想和外表上都有条理。他喜欢运动，留着棕色短发，看起来也很强壮，必要时徒手就能击败对手。

当登普西"自愿"派他去时,我几乎可以从戴夫的眼睛里看出他在盘算。他会为难我吗?

那一刻,我感受到了我们即将尝试的项目的重要性和责任。在我的一生中,父母、老师、教授和老板都坚持让我制订一个明确的计划,并采取具体步骤来实现我追求的任何目标。而此时,我正要创建并实施一个全军精英项目,该项目被故意设计为没有重点、没有计划、效率低下。

优质教育需要休息时间

在与登普西上将会面几周后,我乘坐飞机前往堪萨斯州的莱文沃思堡,那里是美国陆军指挥与参谋学院(CGSC)的所在地,CGSC是美国最大的陆军学校之一。[10] CGSC是陆军军官(通常是少校)开始学习战略思维的地方。它的校友录读起来像美国陆军名人录:乔治·马歇尔、奥马尔·布莱德雷、艾森豪威尔、麦克阿瑟、乔治·巴顿、鲍威尔。戴维·彼得雷乌斯从2005年到2007年担任该校校长。

在机场接我的是史蒂夫·罗特科夫上校,他曾主持本书第一章中描述的"祈祷会",还预测了伊拉克的暴动。罗特科夫此时正在参与建立一个新的军事中心，它的官方名称是外国军事和文化研究大学，但被简称为"红队大学"。美军从伊拉克发生的事情中吸取了教训，正在训练军官必要时在参谋部内部提出异议。

关于罗特科夫，我首先注意到的是，从他那浓密的眉毛和黝黑的肤色来看，他应该是在电影中扮演黑帮老大的完美人选。事实上，他最终没有接受表演专业的奖学金，而是去了西点军校，其实这只是机缘巧合。

罗特科夫被指派与我一起开发和执行控制混乱项目。我可以看出来，尽管他对新想法持开放态度，但他对我们将做的持怀疑态度。"你知道，奥瑞，"他在车里提醒我，"我们是一个基于结构的组织。"

在接下来的几年里，我学到了很多关于军队和各所军校的教育的知识。尽管这些军校的大部分老师都很专业，但他们一整天都在做演示文稿。在一所军校，登普西上将发布了一项命令，禁止在课堂上使用演示文稿。在登普西上将来访的那天，教官们服从了命令，但在他离开的第二天，他们又用起了演示文稿。

从罗特科夫上校与我着手计划项目中的每一天开始，为了让事情推进得尽可能高效，我感到了一种微妙的压力。我们把军官们从家里带到一个沉浸式项目中，花费美国政府珍贵的资

第三章 爱因斯坦的大脑

金，并在美国军方高层的监督下工作。要把我们的日子安排得一团糟还是有些吸引力的。

事实上，这与我们当今在学校系统中看到的驱动力是一样的，它们都面临着提高效率、提高效能、强化责任的行政压力。多年前，在美国最高法院对1954年"布朗诉托皮卡教育局案"裁决之后，联邦政府被最高法院授权提高贫困学生和少数族裔学生的教育质量。但做出法庭裁决是一回事，事实上，提高办学质量却是另一回事。

20世纪60年代，约翰逊总统设法通过了《中小学教育法》，这是他"向贫困宣战"的行动之一。[11]《中小学教育法》的核心内容在第一条中，联邦政府向各州提供联邦资金，帮助提高为穷人和少数族裔服务的公立学校的教育水平。作为回报，联邦政府要求这些学校承担一定的责任。为了达到这些要求，学校需要制定可衡量的标准。因此，这些学校的上课时间变得更加结构化，教学过程也变得更高效。

但这一措施以失败告终。[12] 1983年，在约翰逊的立法颁布约20年后，美国国家优质教育委员会发布了一份题为《国家在危急中》的报告。这份报告指出，在17岁的孩子中，其中的13%是半文盲，而在17岁的少数族裔中，几乎40%是半文盲。

更糟糕的是，教育问题正在蔓延。《国家在危急中》表明，在语言能力、数学和科学方面，SAT（美国高中毕业生学术能力水平考试）成绩全面下降了。仅有 1/3 的学生能够解答需要计算几个步骤才能得出答案的数学题。

这份报告与国外的情况形成了鲜明的对比。日本学生被视为榜样，因为他们勤奋学习，毫无怨言。这些日本学生在数学、科学、工程方面天赋异禀，而且在所有考试中的表现都优于美国学生。很明显，美国正在落后。

解决方案是什么呢？报告建议把螺丝拧得更紧一些。它呼吁美国效仿日本，制定更严格的、可衡量的标准，延长上课时间，并给学生布置更多的家庭作业。为了改善美国学生的表现，需要更多的周密安排、更多的纪律、更多的学习时间。

在接下来的 10 年里，学校确实变得更结构化了，但情况却变得更糟了。[13] 到 1994 年，不仅贫困学生和少数族裔学生的考试分数较低，全美学生的考试分数都有所下降。学校之间的差距越来越小，却是朝着错误的方向发展：它们的糟糕程度越来越一样了。

尽管如此，结构化的管理仍然存在。但显然，我们还不够严格，结构化也没那么强。因此，克林顿总统签署了一项新的教育法案，为学校制定了更高的标准，并以考试结果的形式加强了问责制。

尽管如此，学校仍在继续衰落。2002年，小布什总统签署了他提出的教育改革法案——《有教无类法案》。该法案基本上与之前的无差别，并提出了同样的目标。这次真的给学校的发展以重重一击。

法案针对一套基础核心课程制定了新的标准。[14] 每年都会对学生进行标准化考试，以衡量学生的年度进步。年度进步中数字的作用主要是考察学校的履责情况。如果一所学校年度进步的数字太低，这所学校可能会被关闭。从本质上讲，由于《有教无类法案》的存在，联邦政府就好像对州教育委员会说："好吧，这一次我们来真的！"

但这种制度带来一个意想不到的后果，那就是学校课程的覆盖面开始变窄了。[15] 老师们开始专注于教授与标准化考试有关的科目。在小学，58%的学区每周会多教两个半小时的英语，45%的学区每周多教一个半小时的数学。通过取消那些看似不必要的科目，比如美术、音乐，特别是课间休息，学校实现对数学和科学的额外关注。如果你想提高办学质量，你最不应该做的就是让孩子们在操场上玩得开心。

当然，所有努力的最终目的都是让学生在学校取得进步，不是吗？[16] 然而，在2010年，有38%的学校未能达到年度进步水平，占比创下了历史新高。似乎美国政府的执行效率越高，目标就越遥不可及。目前，美国的科学教育在世界排第 37 位，数学教育在世界排第 24 位，在创新方面排第 8 位。有些措施并没有产生效益。

当我们审视那些在教育方面做得很好的国家时，我们会看到一些显著的差异。[17] 首先是承诺聘用高素质的教师。很明显，该措施有助于营造一个更好的学习环境。

但另一个差异更令人惊讶。[18] 除了严格的要求，日本学校给了学生更多的空闲时间。尽管亚洲孩子的上学时间更长，考试成绩更高，但他们仍有多达 25% 的上学时间花在空闲时间上。

美国的学生是因为没有足够的空闲时间才表现不佳吗？空闲时间实际上能提高效率吗？这是一个悖论，让我们回到了 1900 年，回到了爱因斯坦年轻时。

奥林匹亚学院与相对论的发现

爱因斯坦勉强完成了他的本科学业，读研究生是不可能的了。[19] 他的脑子里充满了想法，但他没有途径来追求这些想法。他脑子里充满着当时的重大物理问题，但他被锁在了有实验室和讲座的学术堡垒的大门外。

他的情况与另一位在大一时逃课的年轻人托马斯·杰斐逊相似。[20] 对大多数人来说，提起杰斐逊，就想起了戴着假发套的形象，热情的《独立宣言》，不安分的好奇心，以及对科学、知识和政治事务的狂热兴趣。但如果你在年轻时遇到杰斐逊，你就会遇到一个完全不同的人。

在大一期间，杰斐逊忽视了学业，与马贩子、老千和骗子混在一起。然而，在他大二的时候，他接受了律师乔治·威思的指导。威思与弗吉尼亚总督弗朗西斯·福基尔是好朋友。威思带着年轻的杰斐逊来到总督府。

在总督府举办的晚宴（有时被称为"宫廷晚宴"）是一场有趣的活动，是一场知识分子的自由活动，宾客们在这里进行学习、对话和思想交流。正是在这种宽松、混乱、无组织的环境中，杰斐逊了解了启蒙运动的思想家，并开始构想出自己的政治哲学。他说过，总督府的餐桌是他真正的大学。

然而，没有人带阿尔伯特·爱因斯坦去总督府吃晚餐，他没有这样的导师。

当他提交论文时，他被要求撤回，因为他在论文里批评了教授的理论。[21] 因此，他只能独自思考当时的重大科学问题。从本质上讲，爱因斯坦发现自己有大量的空白空间——空闲时间，这与研究物理的正式任务没有直接关系，但是这个空白空间可能在爱因斯坦相对论的形成过程中发挥了重要作用。

爱因斯坦创建了自己的群体，它像一所非正式的研究生院，他称之为奥林匹亚学院。[22] 这个群体由爱因斯坦、米凯莱·贝索、康拉德·哈比希特、莫里斯·索洛文和爱因斯坦的妻子米列娃·马里奇组成。当然，这个群体的所有人都出奇聪明，但他们自身也很懒散，总是迟到、健忘、没有条理。

在聚会的特殊日子，他们会在晚上见面，吃一顿简单的晚餐，有腊肠、奶酪、酸奶和水果。他们会计划阅读和讨论一本书，但在开始争论之前，他们很少能读超过一页。

该学院的成员不仅仅为物理学和其他科学发现的最新进展争论，就像他们经常阅读哲学和艺术的书一样。即使在物理学研究生阶段的学习中，爱因斯坦也无法获得去上这样的讨论课的机会。与大学里的研究生相比，爱因斯坦没有本科生可以教，也没有试卷要批改。他没有高级导师指导学习，也没有大学里的政治问题需要去处理。

这群人所享受的知识空白空间反映在他们对实际物理空间的使用上。奥林匹亚学院的成员们漫游。在暖和的夜晚，他们会沿着伯尔尼古老的石头拱廊走到河边。有些晚上，他们会爬到古尔登山顶，仰躺着凝视天空，一直聊到黎明。早上，他们会回到咖啡馆，用咖啡和创意为自己加油。有些工作日，他们会再次在波维克咖啡馆共进午餐，继续争论或讨论。

让我们花点儿时间思考，如果爱因斯坦进入研究生院，他的生活会是什么样子。想象一下，他在那个相对僵化的环境中工作，试图为自己扬名立万，并受到认真对待。爱因斯坦的生活里不仅充斥着批卷和参加教师会议这样的事情，而且他关于相对论和引力的观点会被轻视。由于这些观点不符合常规，甚至很疯狂，以至于他的物理学家同事会阻止他前进的脚步，并试图将他重新引导到"严肃"的工作中。

相反，爱因斯坦身边都是梦想家，正是这群看似没有方向的局外人帮助他提出了相对论。

功夫在课外，功效在课堂

2009年，阿尔伯特·爱因斯坦医学院的研究人员在分析美国1.1万名三年级学生的日常生活后发布了一篇报告。[23] 报告显示，有30%的学生在一天中根本没有课间休息时间，或者休息的时间极少（不足15分钟）。由此可见，这些学生的空闲时间少得可怜。美国的非裔学生和西班牙裔学生被剥夺课间休息时间的可能性更大，家庭收入较低或者父母受教育程度较低的学生也是如此。

本杰明·卡纳达全面地总结了这一趋势背后的原因。[24] 作为亚特兰大学区的前督学，他认为减少课间休息时间已经成了一个常识，因为这可以提高学生的成绩。

想象一下，学校走廊的两侧有两个三年级的班级，学生都在为即将到来的数学和阅读标准化考试做准备。一位老师遵循了上述常识，延长了日常的教学时间，并将休息时间限制在每天15分钟。这个班的学生端坐在课桌前学习课程教材，日复一日地学习、做题。

对面班级的老师采取了一种更反直觉的方法。这位老师也延长了教学时间，但采取了分散教学的方法。学生们每学习40分钟便有10分钟的自由活动时间，或者说休息时间。在这段时间里，他们可以走出教室玩耍、闲逛，和朋友聊天——做他们想做的任意事情。他们可以自行组织活动，在游戏中交朋友，在分歧中学会解决问题。

你认为哪个班级会在考试中表现更好？

常识告诉我们，努力学习的班级表现会更好。在谈到经济弱势的学校时，大多数人都会想到顽劣的学生、浪费时间、涣散的纪律、乱飞的纸飞机和纸团。我们认为，如果这些孩子想在未来取得成功，我们就需要给他们尽可能多的规划、纪律和宝贵的教育资源。

但常识在这种情况下并不管用。研究结果告诉我们，上面提及的第二个班级，虽然有着更多的课间休息时间，但会表现更好。

在阿尔伯特·爱因斯坦医学院的研究中，研究人员发现，随着课间休息时间的增加，学生们会学得更多，展现出更好的情感能力和认知能力，在身体健康、言谈举止、压力控制上也会更加优秀。

该项研究的首席研究员、医学博士罗米纳·M.巴罗斯表示："我们需要证明孩子们需要课间休息。成年人的大脑可以维持注意力45～60分钟，而这一时间对于未成年人来说则更短。"

然而，课间休息会让老师们感到不安，继而产生一种失职感。对于政客来说，以保障效率和经济的名义取消学生的课间休息时间同样具有诱惑力。你能想象一个政客把"给学生更多空闲时间"作为竞选纲领吗？

但是，这种看似漫无目的的休息——爱因斯坦和朋友们在咖啡馆闲逛，或者托马斯·杰斐逊在餐桌上闲聊——实际上对我们的大脑至关重要。事实上，没有实验性证据能够正面支持本杰明·卡纳达"减少课间休息时间可以提高学习成绩"的说法。相反，这些数据告诉我们，如果想让孩子们学得更多、表现得更好，学校必须交替安排课堂时间以及自由、空闲的课间休息时间。

安东尼·佩莱格里尼和凯瑟琳·博恩在他们的论文《课间休息在儿童认知表现和学校适应中的作用》中探讨的一项研究涉及休息和学习之间的关系。[25] 他们发现，孩子们，尤其是男孩，在休息一段时间后，在课堂上会表现出更好的注意力。随着两次课间休息之间间隔的延长，学生的注意力将有所下降。每 50 分钟休息一次会兼顾学生的表现和学习效果。

此外，这类"休息时间"不得受一天中其他活动的影响。在另一项研究中，佩莱格里尼指出，孩子们在课间进行的社交互动，通常没有成年人参与，且相较于其在老师指导下进行的互动更为复杂，更具社交挑战性。孩子们在社交中掌握的技能有助于其认知能力的培养。佩莱格里尼发现，孩子们在幼儿园时期的社交行为有助于更好地预测他们一年级时的学业表现。在课间休息时，学会在社交环境中独立行动，有助于孩子们培养复杂的思维，学会更好地应对压力。而在幼儿园与一年级的过渡期，朋友这一角色发挥着巨大的作用。

但为了有效发挥课间休息的上述作用，我们不能引导孩子们去完成特定的任务。他们需要遵从自己的意愿自由行事。正是空白空间带来的挑战有助于他们培养自身的认知能力和情感能力。

在亚洲学校，一堂 40～50 分钟的课之后有一段休息时间。[26] 20世纪八九十年代，当亚洲学生的标准化考试成绩远超美国学生时，密歇根大学心理学教授霍华德·史蒂文森决定研究亚洲小学，看看它们与美国小学的不同之处。正如他在与詹姆斯·施蒂格勒合著的《学习差距》(The Learning Gap)一书中所描述的那样，他发现最大的不同之处在于，"亚洲学生的在校时间较长，拥有大量的课间休息时间。学生们在此情况下养成了积极的学习态度"。

事实上，亚洲学生更享受校园生活，较少因学习压力等原因患病。与佩莱格里尼一样，史蒂文森发现，随着课间休息时间的延长，亚洲学生的课堂注意力也逐步提高。亚洲学生的在校时间更长，因为他们享有更长的课间休息时间。美国学校与其试图复制亚洲的教学方法，不如研究其关于课间休息的实践。

上述研究对我们所有人都产生了巨大的影响，即使我们的学生时代已经远去。[27]《新英格兰医学杂志》最近进行了一项关于娱乐活动和老年人痴呆的风险的研究。骑自行车、游泳或打高尔夫球等体育活动虽然对心血管系统大有裨益，但对降低痴呆的风险则没有任何帮助。但跳舞这项活动是一个例外，这让研究人员摸不着头脑。

根据《新英格兰医学杂志》的研究，跳舞可以降低76%的痴呆的风险。那么跳舞与其他体育活动有什么不同呢？有人猜测是音乐起了作用。但你可以戴着耳机，跟随自己喜欢的音乐节奏慢跑，而这仍然无法与跳舞带来的好处媲美。

是因为跳舞的社交属性吗？[28] 尽管社交属性对老年人来说确实是一个加分项，但斯坦福大学教授、交谊舞专家理查德·鲍尔斯意识到，研究人员并没有调查老年人跳的是哪种舞蹈。

对痴呆的研究开始于1980年，招募对象为75～85岁的老年人。正如鲍尔斯描述的："他们都曾是咆哮的二十年代（早在1920年）的舞者，也是摇摆时代（如今）的舞者，所以他们中的大多数在退休后依然保持着年轻时的跳舞习惯：自由步交谊舞。我的一生与老年人舞蹈充满了不解之缘，从我的父母（他们在汤米·道尔西的舞会上相识）到退休人员社区，再到纽约的玫瑰岛舞厅，我几乎从来没有在舞池里看到过死记硬背的动作或姿态。"

从本质上讲，这些从事创造性活动的老年人与亚洲学生并无二致。相较于死记硬背、高度结构化的舞蹈，他们的选择——20世纪20年代至40年代流行的自由、即兴、带着空白风格的舞蹈——有助于在大脑中建立更多神经通路。重复同一个动作并不能帮助我们的大脑保持活力，它无法训练我们的思维。日复一日的重复性动作并不能帮助我们维持或建立新的神经通路，而那些重视即兴发挥和思考的活动则有此功效。鲍尔斯教授总结道，自由步交谊舞迫使我们不断做出决策——做出一些小决策，预测搭档的动作——并由此建立神经通路。

同样，在操场上玩耍的孩子们会面临其在课堂上不曾遇到的社会认知需求的挑战。孩子们更有可能在相对混乱的课间休息中与同伴产生不同意见，而不是在结构化的课堂环境中与老师的意见相左。分歧产生时，面对不同的观点，他们被迫试着去理解同伴的观点，并进行相应的处理。

与数学和英语的学习需求类似，孩子们需要了解如何在学习之余融入周围的社交环境。在课间休息时，在决定玩哪种游戏、选择游戏主导者、化解同伴冲突以及寻求与他人互动等过程中，孩子们往往会学到不少技能。他们在这种宽松的环境中接触了大量的社会文化适应任务。事实上，孩子们在课间休息的表现可以帮我们很好地预测他们在学业上的表现。

值得注意的是，研究人员并非在没有制定任何议程、课程方案或规则的情况下对在校时间进行规划的。他们并非暗示整个在校时间都是混乱的（这在小学里有时是很难避免的）。相反，他们建议将一天中的空闲时间分割成离散的单元——分散式混乱，以帮助学生更好地学习。

1903 年，爱因斯坦的奥林匹亚学院的大部分成员都离开了当地。[29] 但是爱因斯坦和他的好朋友米凯莱·贝索在同一家专利局工作。奥林匹亚学院的活动已经缩小到仅限于爱因斯坦和贝索在上下班途中谈论物理学。但就是在这段时间里，爱因斯坦得以有充分的自由和空间进行创新性思考。

科学家丹尼斯·奥弗比在他的著作《恋爱中的爱因斯坦》中如此描述爱因斯坦的经历："在物理学界看来，爱因斯坦是个局外人，是个在专利局工作、在业余时间热衷于浏览期刊的物理业余爱好者。但在阿尔伯特自己看来，他没有任何期望，也没有什么可失去的。他没有导师，也没有人情要还。他似乎一点儿也不害怕。他有能力干出一番事业。"[30]

换句话说，爱因斯坦可以构想出类似相对论这样激进的概念，是因为他有足够的时间来形成这个想法。在远离大学结构化课程的那些年里，他将大量的时间用于哲学和科学思想上的频繁交流，最终在思想上取得了巨大的飞跃，打开了现代物理学的大门。拥有足够时间的爱因斯坦能够以一种全新的方式观察世界。

那么爱因斯坦到底观察到了什么呢？[31] 要理解这一点，不妨回想一下电影《异形》的经典宣传语。在电影海报上，外星虫卵微微孵化，标题上写着："在外太空，没有人能听见你的尖叫。"这句话让你脊背发凉。问题在于，为什么没人听见你的尖叫？答案是：外太空没有空气。你在说话时产生了空气振动，导致声波在空气中传播，传播至别人耳中就会产生声音。没有空气，也就没有了声音传播的介质。

在爱因斯坦经常光顾的伯尔尼的咖啡馆中流传着这样一个问题：光靠什么介质传播。如果外太空没有空气——如果没有人能听见你的尖叫，那么光是如何在太空中传播的？

19世纪和20世纪之交的科学家们认为，这个问题的答案是一种叫作以太的物质。亚里士多德认为以太是一种无臭、无色、无味、无重量的元素，弥漫在宇宙中，是光传播的介质。唯一的问题是，没人能找到以太。

在爱因斯坦没有为一名教授实习而是选择去阿尔卑斯山徒步旅行的那年夏天，他第一次突发奇想，也许以太根本就不存在。也许电磁波——光线能在空旷的空间中传播。也许空气中没有发生波动。也许光线甚至不以波的形式传播。

1901年，一位名叫马克斯·普朗克的年轻科学家在努力推介自己的数学理论时提出，也许光不是以波的形式传播，而是以量子这种离散包的形式运动。爱因斯坦对此表示同意。在假设光是由类似沙粒的微小粒子组成的前提下，爱因斯坦开始想象能量可能的传递方式。

爱因斯坦和他的好友贝索在伯尔尼的街道上漫步，在阁楼上和米列娃一起核对数学。他问自己，如果光以恒定的速度在真空中传播，那么他该如何解释宇宙的运作？宇宙有没有可能没有中心，也没有基础？从亚里士多德到牛顿，每个人都认为宇宙围绕着一个恒定的中心舞台运转。但是，由于无法找到这个中心舞台——以太，爱因斯坦不禁问道，如果我们的现实世界只是相对于其他运动事物而存在呢？如果没有静止点，也没有界限呢？如果解释能量动力学的唯一方法在于承认事物仅仅相对于其他事物而存在呢？

这就是爱因斯坦在空闲时间漫步时所思考的内容。正是在这段空闲时间里，爱因斯坦，作为一个自称的异教徒、局外人，发现了揭开宇宙奥秘的方法。这一切都发生在他与贝索见面的那年春天。

他们一整天都在讨论光在真空中传播的问题。在谈话结束时，爱因斯坦非常沮丧，他告诉贝索自己将完全放弃研究这个问题，然后便离开了。他回家睡觉，然后，在即将入睡的一瞬，他突然想到了答案。他在第二天找到贝索时说："谢谢你。我已经完全解决了这个问题。"在接下来的6周里，爱因斯坦阐述了他的狭义相对论的数学基础和论证方法。根据狭义相对论，我们并非生活在一个中心的、共享的舞台上，我们的现实世界是相对于其他所有人存在的。

爱因斯坦在物理学杂志《物理年鉴》上发表了他的论文。

他认为这篇论文太奇怪了，不能提交去攻读博士学位。

两年后，爱因斯坦仍在专利局工作。[32] 他靠坐在椅子上，"突然有了一个想法。如果一个人自由下落，他就感觉不到自己的重量。我被这个想法吓了一跳"。这就是广义相对论的开始，他第一次从理论上证明了引力可以使光线弯曲，引力实际上可以扭曲时空，黑洞可能存在。

让我们注意一下爱因斯坦取得重大发现的过程。在徒步穿越阿尔卑斯山的时候，他首次设想了一个没有以太的世界。狭义相对论的形成伴随着他的入眠，而他的广义相对论起源于他在专利局办公室靠在椅背上的一次思考。在这些例子中，爱因斯坦都没有专注于物理学本身。

我们鼓励突破性思维，因为它有助于我们在工作与放松之间实现自由的转换，让我们不会过于紧张，可以在有序和混乱之间找到平衡。一次成功的商务会议必须在严肃、高能的陈述和自由的思想交流之间找到恰当的平衡。学校也是如此，必须在严谨的课堂教学和放松的课间休息之间找到恰当的平衡。

设想你正坐在办公室内，而手头工作的截止日期即将来临。如果一位同事邀请你去餐厅喝咖啡，跟你叙叙旧，大多数人都会以工作为由推迟这次邀请。但有时，放松恰恰是你最需要的。制造一点儿混乱能带来的进展可能远超你的想象。

放空自己可以产生顿悟时刻

有一种理论解释了为何空白空间对我们的思维如此重要：我们的大脑有两种注意力，即直接注意力（比如在课堂上听讲）和间接注意力。允许大脑从一种状态转换到另一种状态，我们才会取得更好的表现。

著名画家、发明家达·芬奇毕生追求无数，他是天文学家、画家、科学家和军事家。有人可能会说，正是通过将这些不同的学科交织，他才能够创造如此新颖的发明。

苹果公司创始人史蒂夫·乔布斯在创造和重塑苹果品牌的过程中培养了各类兴趣。例如，在大学期间，他对书法产生了兴趣，这门学科似乎与计算机科学和设计没什么关系。2005年，在斯坦福大学毕业典礼的演讲中，他这样描述自己学习书法的经历。

当时，里德学院的书法课大概是全美最好的。校园里所有的公告栏和每个抽屉标签上的单词都写得非常漂亮。当时我已经退学，不用正常上课，所以我决定选修一门书法课，学学怎么写好单词。我学习写带衬线和不带衬线的印刷体，根据不同字母组合调整其间距，以及怎样把版式调整得好上加好。这门课太棒了,既有历史价值,又有艺术造诣,这一点是科学做不到的,而我觉得它妙不可言。

当时我并不指望书法在我以后的生活中能有什么实用价值。但是,10年之后,我们在设计第一台Macintosh(麦金塔)计算机时,它一下子浮现在我眼前。于是,我们把这些东西全都融入了Mac的设计中。这是第一台有这么漂亮的文字版式的计算机。要不是我当初在大学里偶然选了这么一门课,Mac计算机绝不会有那么多种印刷体或间距安排合理的字号。要不是Windows(微软公司计算机操作系统)照搬了Mac,个人电脑可能不会有这些字体和字号。要不是退了学,我决不会碰巧选了这门书法课,个人电脑也可能不会有现在这些漂亮的版式了。当然,我在大学里不可能从这一点上看到它与将来的关系。10年之后再回过头看,两者之间的关系就非常清楚了。

想象一下,如果乔布斯作为一名年轻的学生寻求职业顾问的建议,会有人建议他去学习书法,而不是计算机科学吗?然而,这种无心插柳的尝试在10年后带来了丰厚的回报。

同样,如果托马斯·杰斐逊向职业顾问寻求帮助,了解成为政治活动家和国家未来领导人的最佳途径,很少有人会建议他在晚餐时大谈哲学。又有谁会建议爱因斯坦和其他物理学家一起讨论哲学呢?

当然,在我们的生活中,这种包含混乱的结果是远远无法预测的。从定义上看,它们也几乎不可能被预测。尽管如此,正如我在日后与军方以及史蒂夫·罗特科夫和戴夫·霍兰共事时发现的那样,在项目研究中放空自己可以产生一些顿悟时刻。

军队中的圆圈

我在堪萨斯州拜访史蒂夫·罗特科夫的几个月后,史蒂夫来到了旧金山湾区,也就是我住的地方。"你知道吗,奥瑞,"当我们沿着伯克利电报大街走向加州大学校园时,史蒂夫说道,"我去过世界上许多我从未想过会去的地方,但我从没想过会在加州大学伯克利分校的职工俱乐部吃午餐。"我们在那里见到了我的好友科特·沃辛顿,他也是加州大学伯克利分校哈斯商学院最受欢迎的教授之一,负责教授领导力课程。

我们的午餐是豆腐沙拉。我对史蒂夫和科特说:"我之所以让你们见面,是因为我认为我们有必要向军官们传授如何放空自己。"

通常，在讨论项目时，罗特科夫会拿出一本绿色的精装笔记本，在上面详细记录每一次会议和谈话。他家中的储物盒里珍藏着他自20世纪70年代以来的所有工作笔记。

午餐后，我们回到科特的办公室谈话。科特站在白板前，史蒂夫打开笔记本，翻开了新的一页。

"所以说，"科特打开了话匣子，"我们正在考虑进行一个为期一周的项目。"

"听起来不错，"史蒂夫答道，"具体的日程安排呢？"

科特用蓝色马克笔在白板上画出了一张日程表，每一栏对应一天。"我们一天会开三次会，"他边说边写，"9点到12点一次，12点到下午1点是午餐时间。是这样吗，奥瑞？"

我点了点头。一个小时的午餐时间似乎很合理。

"然后我们可以在下午1点至4点安排一次会议，晚上7点到10点安排一次会议。"科特继续说，而史蒂夫一丝不苟地把每一个单词都记在笔记本上。"在第一次会议上，我们会把自己围成一圈。"

科特画了一个圆圈。史蒂夫照做了。

"在第二次会议上，我们会有另外一个圈。"史蒂夫在笔记本上又画了一个圆圈。

"等一下，"史蒂夫说道，"你说的圆圈是什么意思？"

科特和我面面相觑。随后科特说道："好吧，意思就是，我们围成一圈坐下。"

"那我们谈什么呢？"史蒂夫问道。

"谈什么都行。"

"你会带头讨论吗？"史蒂夫问道。他拼命想弄明白这句话的意思。

"哦，不，"科特说，他几乎感觉受到了冒犯，"我不会带头讨论。我们的工作就是让团队找到前进的方向。"说完，他继续在白板上写下日程。"在第三次会议上，我们又有了一个圆圈。"这种模式延续到周二和周三，科特在每次会议的时间表里都画了一个圆圈。

史蒂夫看着白板上的圆圈，表情有些震惊。"你的意思是我们花整整一周的时间围坐在一起？"

"不是整个星期，"科特回答说，"我们还会吃午餐和晚餐。"

那天下午的晚些时候，在开车返回旧金山时，史蒂夫以外交辞令的口吻对我说："这是一个政府项目，我负责确保政府合理使用其资源。请记住，我们的团队中有战斗老兵——他们曾在伊拉克和阿富汗服役。他们是大忙人。"

"你要确保我们不会浪费他们的时间。"我插嘴说。

"我的笔记本上写着日程安排，上面全是圆圈！"他沮丧地喊道。

我知道圆圈具有某些意义，并非代表徒劳无功。尽管规划团队日程这项差事很诱人，但我确信，我们规划的圆圈中固有的空白将产生一些极具戏剧性的结果。

这一切都归结于这样一个事实：当我们过于严格地安排日程，完全专注于一项任务时，我们的思维往往会在一段时间后停滞不前。我已经确信，我们需要留出空白空间，以免过于专注于任务而失去创造力。

为了更好地理解这些——理解为何空白空间如此重要——让我们后退一步，看看人类大脑的内部结构。令神经科学家惊讶的是，当我们的生活出现一点儿混乱时，大脑中似乎有一个完整的区域——在默认情况下——会异常活跃。它使我们能够以新颖的方式解决问题。

第四章

**混乱背后的
神经生物学**

更加专注或适当放空

纽约这座 76 层高的大楼将是建筑师弗兰克·盖里设计的第一座摩天大楼。[1] 它位于曼哈顿云杉街 8 号，不仅是纽约，也是西半球最高的住宅楼。然而，盖里陷入了困境。

盖里以其极具特色的设计而闻名，从西班牙毕尔巴鄂古根海姆博物馆到洛杉矶的华特·迪士尼音乐厅，再到西雅图音乐体验馆，盖里设计的建筑让人仿佛置身于苏斯博士的作品或者《爱丽丝梦游仙境》中。在钛等意料之外的材料的包裹下，这些建筑以不可思议的方式拔地而起。盖里的标志性理念在于赋予建筑运动感，营造出建筑似乎被困在途中的意境。盖里设计的位于西班牙埃尔谢戈的瑞格尔侯爵酒店以钛合金屋顶闻名。

在波浪起伏的结构之下，屋顶看起来就像一个刚刚睡醒、正在伸懒腰的巨人，他的床罩正在落下，形成了巨大的褶皱。首次欣赏盖里作品的人通常会感到眼花缭乱，敬畏于如此神奇的存在。盖里设计的位于布拉格的公寓楼被称为"跳舞的房子"，蜿蜒扭转的双塔造型就像两个相互依偎的舞者。

盖里设计的建筑是独一无二的。它们的预算通常都很高，每一栋都足以成为杰作。

但盖里设计纽约摩天大楼面临着一系列难题：预算有限，空间狭小。而最棘手之处在于，他需要以最朴素的建筑理念将这座共管公寓楼打造成一座具有个人风格的展示性建筑。虽然盖里可以轻易地凭借自己的奇思妙想建造一座博物馆，但这次的情况却并非如此。

建筑师通常不会把现代公寓楼与伟大的艺术作品联系起来。公寓楼将功能置于形式之上，旨在尽可能高效地为尽可能多的人提供住房。盖里设计的新公寓也不例外。这些公寓——从单间到三居室——将在日后出租。开发商不得不从每平方英尺的空间中榨取尽可能多的利润，尤其是在大萧条之后。

盖里运用了许多建筑技巧，比如把云杉街的大楼设计得相对高而薄，给人一种精致但不失灵巧的建筑视觉印象。但这些都没有赋予这座建筑盖里的标志性特征：运动感。

盖里起初想将云杉街公寓楼设计成扭曲状的，就像他在德国汉诺威设计的一座9层建筑那样。那座建筑看起来仿佛被一个巨人从顶部抓住，沿顺时针扭动。那座建筑虽然采用了钢结构，但仍然呈现出蜿蜒扭转之态。

但扭转式设计是一回事，改造76层高公寓楼中密密麻麻的管道则是另一回事。简单地说，为一幢弯曲的大楼设计管道系统实属不易。污水管道阻碍了盖里实现宏伟愿景。

如何在打造梦幻建筑的同时解决管道问题呢？尽管盖里反复尝试了各种设计，但他始终无法解决这个问题。他试着把建筑设计得更圆润、线条更流畅，但都不起作用。

在某种程度上，盖里与19世纪俄国科学家门捷列夫面临着相似的困境。[2]门捷列夫是圣彼得堡大学的化学教授，同时也从事地质学、物理学和经济学等领域的研究。

1869年，门捷列夫正在为一个化学问题苦恼不已。当时，化学这一领域还处于起步阶段，已知的元素只有63种。多年来，化学家们一直在试图创造某种秩序，解释各类元素产生的现象。例如，为什么铁等遇水会生锈，而金和铝在潮湿条件下似乎不受影响。

门捷列夫给自己制定了一项任务，努力寻找现象背后的潜在规律或原因。他一丝不苟地研究已知的元素及其特性，并沉浸其中。有一段时间，他通宵达旦地研究，试图找到其中的规律，但没有成功。和盖里一样，门捷列夫也在为解决一个棘手的问题而不懈努力。

试想一下，如果你是盖里或者门捷列夫，你已经在一个项目上努力工作了很长一段时间，但你遇到了一个无法解决的问题。你确信有一个可行的解决方案，却在寻求答案的过程中陷入了困境。你感到越来越沮丧，你无法解决这个问题，却不能放任不管。

你会怎么做？你会试着排除所有的干扰来一场攻坚战吗？你会列出一份挑战清单，然后有条不紊地逐个击破吗？你会向朋友、同事和专家请教，获取新的观点或看法吗？当然，大多数人会倾向于更加努力地工作，更加集中精力，直面问题。

但是，如果我们向内心的混乱投降，在投降的那一刻，我们会灵光一现吗？事实证明，我们的大脑天生就擅长使用这一灵感机制。神经科学的进一步发展让我们惊喜地了解了这一现象背后的机制。

白日梦有效的四条线索

多年来，科学家一直在试图弄清楚人类大脑中负责阅读、认出朋友等各类活动的具体区域。fMRI（功能性磁共振成像）技术的引入首次让研究人员得以窥探人类大脑的运作机制。从此以后，科学家一直在试图确定大脑各个区域的具体功能。

例如，科学家向接受 fMRI 检查的受试对象展示其配偶的照片，以此试图找出大脑中负责性吸引或爱情的特定区域。科学家也会让受试对象观看恐怖电影，从而在受试对象表现出恐惧时确定大脑中的活跃区域。

但是，当我们专注于一项任务时，科学家过于专注于我们的行为，以至于忽视了整体情况。根据他们假设的大脑工作机制，大脑在总体上就像一辆汽车。就像在机器中一样，不同的区域负责不同的功能：布罗卡回主管语言功能，杏仁核与恐惧反应密切相关，新皮质负责意识思维。

当你关闭汽车发动机时，你希望汽车的其他部件也都停止工作。同样，科学家认为，当人们不专注于一项特定的任务时，大脑中负责该项任务的区域也会停止工作，或者至少在神经活动方面平静下来。但事实并非如此。

科学家发现，当接受 fMRI 检查的受试对象停止执行一项任务时，负责执行该项任务的大脑区域就会平静下来——fMRI 检查结果显示的神经活动的电脉冲就会减少。[3] 但后来他们发现了一些不寻常的现象。当大脑中专注于某项任务的区域平静下来时，大脑的另一区域会突然活跃起来。为什么大脑在平静的状态下会突然"发光"？当受试对象只是茫然地盯着准星而什么都不做时，研究人员观察到了这一现象，他们把这种突然产生的电脉冲称为"噪声"，认为它像老式显像管电视屏上的雪花一样毫无意义。起初，研究人员开发了复杂的计算机模型来屏蔽此类"噪声"。

但如果这不是"噪声"呢？如果这不是机器捕捉的随机电脉冲呢？有没有可能它完全是另一种物质，一种对人类大脑运作至关重要的物质？

圣路易斯华盛顿大学的神经科学家马库斯·赖希勒对大脑中的"噪声"感到好奇。他联合其他神经科学家开始研究这种神经活动，并发现了一些重要的线索。这些线索对理解空白空间背后的神经科学至关重要。

在一项观察受试对象在特定任务状态下大脑活动的研究中，赖希勒博士注意到了第一条线索。为了确定基线，受试对象被推入 fMRI 机器，并被告知"闭上双眼，放轻松，保持静止状态，避免任何有组织的精神活动，如心算、默诵等"。科学家仔细记录了这种状态下的大脑活动。接下来，受试对象按照要求从事一项特定的任务，包括将注意力集中于一张图片上。

赖希勒博士观察了受试对象在没有进行任务时以及在专

注于一项特定任务时大脑能量的差异，也就是说，当我们的大脑机制开启（我们集中注意力）时和关闭时的差异。想象你此刻正坐在椅子上看书，沐浴着午后的阳光。你把书放在大腿上，开始思考你刚刚读到的内容，但你很快就走神儿了，开始无端做白日梦。然后你回过神儿来，拿起手上的书，又开始阅读。那么问题来了，相较于做白日梦时，你在重新开始阅读时，大脑多消耗了多少能量？

令人惊讶的是，赖希勒发现，受试对象在上述两种状态下的大脑活动量几乎没有区别。事实证明，人类大脑在做白日梦时消耗的能量与在注意力集中状态下消耗的能量之间的差异不到5%。

大脑在做白日梦状态下的整体潜力利用率有多少？80%~95%。换句话说，人类大脑在做白日梦状态下几乎在满负荷运转！

当受试对象再次进行特定的任务时，弥漫性大脑活动平静了下来。所以科学家知道，在大脑没有专注于一项特定任务的时间段内，某些事情发生了，而且大脑在这个过程中消耗了不少能量。

赖希勒博士还注意到了第二条线索。[4]当受试对象没有进行特定的任务，即处于"空白空间"状态时，研究人员多次发现大脑中的同一区域在发光。大脑的10个区域，包括后扣带回皮质（PCC，负责情景记忆）、楔前叶（PC，负责记忆、反射和意识）和腹侧前扣带回皮质（负责情绪）被大脑活动照亮。

每次大脑的相同区域都是活跃的，此外，这些区域似乎在相互沟通。有没有可能神经系统喋喋不休的背景音根本就不是"噪声"？

赖希勒还发现了第三条线索。[5]在研究fMRI图像时，他发现大脑这些区域的中心枢纽有两个独立的血液供应，这使得大脑这些区域比大脑的大多数区域更不容易受到中风或脑震荡的侵害。

人类身体会为那些执行关键任务的器官（比如肝脏或肾脏）保留多余的血液供应。"这是一种保险策略。"赖希勒说道。在他看来，这说明大脑的这一区域至关重要。

赖希勒博士开始意识到，他看到的其实是一个精心设计的、有意为之的大脑过程。大脑中被激活的区域似乎是连接大脑各个区域的网络。当受试对象没有专注于特定的任务，即大脑处于放空状态时，大脑就会默认执行这一过程。赖希勒将其命名为默认模式网络（DMN）。

但真正撼动科学家对大脑认识的是关于默认模式网络的第四条线索。

默认模式网络

我们倾向于认为人类的大脑是进化生物学有史以来最有组织的机器。在我们接到任务时，大脑内有一系列涉及语言、记忆和逻辑思维的经过特别磨炼的区域被激活。科学家基于这种理解研究人类思维，并假设在我们不执行任务的情况下，大脑这部分区域保持空闲的状态。

但我们的大脑与包括心脏和肾脏在内的其他器官类似，当我们睡觉时，它们仍处于工作状态。事实证明，大脑处于默认模式网络下的时间比我们想象的多得多。

在长期研究默认模式网络的过程中，神经科学家注意到这一网络并没有关闭。只要受试对象处于放松、做白日梦的状态，默认模式网络就处于活跃状态。换句话说，当我们遥望太空时，大脑的这个区域便会开始工作。当我们在走路或开车时走神儿，在准备睡觉或刚醒来的时候，都会发生这种现象。

事实上，除非我们专注于一项任务，否则这个网络一直处于开启状态。[6] 也就是说，默认模式网络总是处于工作状态，除非我们在必须执行特定任务时中断它。

这完全改变了科学家对人类大脑运作方式的看法。我们不断参与的是一个不受意识思维支配的过程。

那么，为什么大脑会把这么多精力投入看似随机、混乱和低收益的事情上呢？

在回答这个问题之前，请你环顾四周，无论你现在身处何处[7]——咖啡馆里、飞机上、地铁或火车上。在阅读这段文字时，你的眼睛正在接触大量的信息。事实上，每秒大约有100亿比特的视觉信息撞击着我们的视网膜。其中，只有600万比特信息能真正到达视神经。在这600万比特信息中，只有10万比特信息一路到达你的视皮质。其中，只有100比特的信息连接了我们的意识。想想这个比例有多小。真正进入我们意识的信息只占0.000 001%。

在视皮质的数十亿个突触中，只有不到10%的突触专门负责处理人眼接收的视觉信息流。那么其他90%以上的突触在做什么呢？只有如此少的视觉数据进入我们的意识处理流程，那我们要如何理解我们周围的世界呢？

答案是，我们对世界的大部分认识和理解都来自内部处理。我们利用我们的记忆、以小见大的推理能力、在过去—现在这条时间线上自我叙事的意识，以及想象未来的能力来填补我们处理的外部数据中的空白。我们用另外90%以上的突触来理解世界。

也就是说，人类大脑有一个关于外部世界的内部叙事。[8]

视觉信息只是与这个叙事一致或冲突。与此同时，随着我们获取更多信息，这个叙事也在不断地变化和发展。

我们接收视觉信息所消耗的能量与处理视觉信息所消耗的能量之比是关键。[9]科学家发现，人脑的默认模式网络不断构建内部叙事。它会针对我们接收的信息提出问题：这意味着什么？它与过去的经历有何不同？它是一种什么样的体验？未来会发生什么？

例如，假设你收到了两份诱人的工作邀请：一份是在一家崭露头角的公司担任创意岗位，在主管的领导下开展工作；另一份是在一家较为死板的公司任职，但具有更多的自主决定权。你列出这两份工作的利弊，然后和你的朋友讨论该如何选择。哪一份更符合你的性格和未来的目标？你还没有做出决定，在散步的时候，你自然地回忆起高中或大学的时光，那时的你在发起并完成一个项目后获得了莫大的满足感。你的默认模式网络已经启动，将新工作与你曾经的经历联系了起来。正是这种默认模式网络让我们想起自己的生活经历，并在这些个人经历之间建立联系。而我们专注于一项特定任务时，往往难以建立这种联系。

当我们放空自我、处于做白日梦或放松状态时，我们的大脑就会构建这些叙事，指导我们进行决策。[10]华盛顿大学的伊薇特·谢林博士对此做了总结：默认模式网络是我们思考未来、审视内心活动状态并做出计划和预测的地方。

换句话说，伴随默认模式网络下的大量活动，大脑将我们日常接收的海量数据编织在一起。在决定叙事的重要性之余，它还将不同的叙事联系起来，从而帮助我们理解这个世界。

但问题是，这个网络是自发工作的，我们无法控制或预测它会建立何种联系。这就是空白空间的美妙之处和优点。在放空自我后，大脑会建立新的联系，产生新的解决方案，如果我们专注于某项任务，这些想法是不会出现的。

以法国小说家马塞尔·普鲁斯特为例。[11]他在母亲家中悠闲地享受着玛德琳蛋糕。在咬下一口后，他的默认模式网络启动并运行，将感官输入转化为情景记忆，也就是说，从他的生活中创造叙事。

这种味道让普鲁斯特想起了多年前的一件事：他在童年时期品尝玛德琳蛋糕的情景。随着更多的记忆被唤醒，它们融入普鲁斯特从过去流淌至现在的叙事洪流之中。他发现了生活的意义。记忆和生活意义引发了大量的情绪，因为默认模式网络与我们处理情绪的方式有关。玛德琳蛋糕在不知不觉中引发了有意识的记忆、生活意义和叙事的洪流，而这一切似乎都发生在一瞬间。但这只是普鲁斯特有意识的自我的闪光。他的默认模式网络已经与这些记忆、想法和感觉联系了很长一段时间。

工作之余的放松时刻是激发联系的关键。在空白空间中，除了享受玛德琳蛋糕，不去理会任何事情，由此，大量的信息涌入普鲁斯特的脑海。显然，这并不意味着我们整天无所事事、沉迷于白日幻想就会激活大脑中神奇的区域，从而产生突破性思维或天才般的想法。相反，这意味着在长时间的努力工作之后，我们偶尔需要放松一下，放空自己的大脑，让其中无意识的默认区域总结和巩固我们所做的一切，帮助我们发现生活的意义和前进的道路。

空白空间带来灵光一现

为了了解默认模式网络的力量，我们必须研究大脑中连接并形成网络的区域。[12] PCC 是默认模式网络中枢的一部分，在记忆尤其是自传式记忆的提取中发挥着重要作用。但 PCC 的功能远不止于此。

正如神经科学家所描述的那样，PCC 不断评估周围环境的变化，并根据这些信息，帮助我们做出新的决策。PCC 不断向我们发出疑问：世界已经变化到需要采取新的应对手段的程度了吗？然后它激励我们改变行动策略。换句话说，它提示我们适应新的环境，会针对我们接收的信息提出问题：这意味着什么？它与过去的经历有何不同？它是一种什么样的体验？未来会发生什么？

如果没有空白空间，PCC就无法将它所知道的信息告诉我们。PCC会提醒我们，市场正在变化，我们的员工需要应对新的挑战，我们大脑的另一半不高兴了。这是一种内置在人类大脑中的无意识机制，其运行效率远超意识思维。一个反直觉的经验教训在于，为了让大脑的这一区域工作，我们需要停止手上的任务，放空自我。

默认模式网络的另一个核心区域是PC，它能让我们反思自己，把自己的特点和周围人的特点做对比。[13]它主要是通过联系旧的记忆和新的情境来实现这一功能。为了理解PCC和PC是如何配合的，让我们回到弗兰克·盖里在设计纽约云杉街公寓楼时遇到的难题。

盖里日夜不停地琢磨如何让一栋公寓楼展现自己的风格。直到有一天深更半夜，他豁然开朗。[14]"我经历了一个顿悟时刻，"他说道，"就在凌晨3点，我想到了贝尼尼。"

我们深深迷恋着这样一个想法，即创意是在刹那间被赐予创新者的。古希腊人认为缪斯女神会带着灵感来到我们身边。

创意仿佛闪电一样突然降临。

我们容易认为那些顿悟时刻是天才的闪光，是一些不知从哪里冒出来的奇思妙想。但是考虑到我们对默认模式网络的了解，我们现在有了一个更有说服力的解释。其实那些想法早就在我们的脑海里乱窜一阵子了，直到我们突然意识到它们的存在。

盖里在30岁时第一次看到了巴洛克风格的雕塑大师贝尼尼的一件作品。[15]贝尼尼以捕捉神话或故事中最具戏剧性的时刻而闻名，他拥有让大理石活灵活现的神奇技艺。盖里几十年前所见的那件贝尼尼作品是圣特雷莎的雕像。[16]圣特雷莎因她的精神幻象而广为人知，其中最令人震撼的一幕是有一个愤怒的天使站在她的身边，把一根燃烧的长矛刺入她的心脏。她陷入了无法承受的灵魂之痛，同时充满了对上帝的无比热爱。

贝尼尼用大理石塑造的这一场景被安置在罗马维多利亚圣母堂的一间小礼拜堂里。你只能在弥撒期间看到这座雕像，即使这样，你还得挤到最前面的长凳上，身子前倾，扭头向小礼拜堂里偷偷一瞥。盖里回忆道："我不太懂得如何画十字。当那位年轻的神父看到我坐在第一排，试图跟其他人一样跪下却画错了十字时，他几乎要笑出声来。"

这位建筑师终于看到了那座雕像，而让他铭记了几十年的是圣特雷莎长袍上那些飘逸的动感十足的衣褶。数十年以后，在某个凌晨的3点，他又想起了那一画面。

在深夜里，随着思想的放松，弗兰克·盖里大脑的默认模式网络产生了一个联想。更重要的是，他的PC想起了贝尼尼的雕像，发现它与当前的问题有关联。而他的PCC则意识到，这正是云杉街8号大楼所需的调整。

参考贝尼尼作品衣褶的雕像，盖里发现了公寓楼难题的解决方案。他会把这座建筑设计成一栋普通的直墙公寓楼，然后在建筑的外部铺设类似贝尼尼作品的衣褶，以凸显他标志性的流线风格。

盖里没有把整栋建筑旋转，而是设计了凸窗，每扇凸窗都向左或向右与楼下的稍微错开，呈现出一种瀑布从悬崖飞泻而下的视觉效果。完工后的建筑高达867英尺（约264米），看起来像是一股流动的液体。

盖里心中早已有了答案。但是他直到凌晨3点时灵光一现，才能摆脱对这个问题的刻意思考。只有这样，他大脑中的默认模式网络才能启动，在记忆的深处回想起贝尼尼作品的衣褶，并将它们与云杉街8号的问题关联。这一切同时发生在盖里身上。这个无意识的过程在意识思维上表现为"灵光一现"。

在工业时代，把流水线上的工人视为大型机器的可替换零件是一种很普遍的看法。工业时代的管理者主要管理的是员工的身体，而且他们只关心自己的绩效。在每8小时的轮班中，必须生产出一定数量的产品。随着时间的流逝，质量和效率可能会受影响，但流水线仍然能够正常运作。

但在信息时代，管理者的管理范式已经从管理员工的身体转变为管理员工的思想。一具不工作的身体是没有贡献的身体，这无可否认。但强调空白空间的思想可能是一个管理者甚至是一家公司最宝贵的财产。一直忙于解决问题的员工可能没有为自己的大脑留出足够的空间来整合信息和提出有创意的解决方案。

你还记得上一章提到的小学生，以及课间休息的重要性吗？在企业里，效率至上的管理理念同样盛行。无论是在工作还是学习中，个人都需要一些松散的时间，让自己的大脑处于最佳状态，从而处理自己面对的大量信息。

顿悟

在20世纪60年代中期，加里·斯塔克韦瑟是施乐公司的一位研究人员，专注于高速传真机的研发。[17] 为了在纸张上获得足够的光线，让机器在纸张上生成图像，斯塔克韦瑟利用了激光这一新技术，并最终发明了激光打印机。

施乐是一家以复印机为主业的公司，它的产品能够复印已有的图像。"1967年的某一天，我坐在实验室里，看着那些大型主机，"斯塔克韦瑟说道，"我突然想：'如果我们不是复印别人的原件，这是传真机的功能，而是用电脑来制作原件，结果会怎么样呢？'"正如斯塔克韦瑟后来回忆的那样："有一天早上我醒来，心想：'为什么我们不直接打印想要的东西呢？'"

这个故事让人联想到了爱因斯坦描述自己发现广义相对论的经历。爱因斯坦当时在专利局上班，他靠在椅子上，忽然想到，如果一个人自由下落，他就感觉不到自己的重量。凭借这个启示，爱因斯坦开始重新定义我们对引力和空间的认识。

斯塔克韦瑟最初构想出激光打印的过程和门捷列夫的经历很相似。门捷列夫在房间里探索元素的基本顺序，连续三个晚上不眠不休。[18]最后，他实在撑不住了，勉强躺下，准备入睡。

随即，他的大脑进入了默认模式网络。突然间，门捷列夫看到了元素按照完美的顺序排列的样子。他一醒来，就迫不及待地记下了自己的发现。

他认为需要根据原子量来排列元素。顿时，一切都变得清晰起来。他意识到，是质子和中子的个数决定了元素的性质，例如金为什么不会生锈，或者铅的密度为什么那么大。

在创建元素周期表时，门捷列夫有意留出了一些空缺。他认为，未来发现的新元素会填补这些空缺。

门捷列夫在1869年公布了我们今天所熟知的元素周期表，在当时受到了很多质疑。不过在5年之后，人们发现了镓元素，恰好对应了门捷列夫保留的一个空缺。门捷列夫的元素周期表不只是对现有元素的描述，还是对新元素的预测。

爱因斯坦在1905年5月也有过类似的顿悟经历，当时他对着好友米凯莱·贝索无奈地摊开双手，承认自己无法解开时间和能量的谜团，然后回家倒头便睡。[19]但是当他第二天早上醒来的时候，一切都豁然开朗了，他开始撰写狭义相对论。

显然，无论是门捷列夫、斯塔克韦瑟还是爱因斯坦，如果没有花费大量的时间思考问题并精通特定的领域，就不可能得出这些解决方案。为了解决难题，他们需要制造一点儿空白空间。当门捷列夫开始昏昏欲睡时，他的默认模式网络活跃了起来，整合他所接收的所有信息，将其与以前的事实和故事联系起来，进行解决问题和思考未来的过程，并将他所知道的一切综合成一个巧妙的解决方案。默认模式网络在我们即将入睡或醒来时，或者在我们玩耍或做白日梦时启动。它所催生的想法可能在全球范围内带来巨大的经济效益。

在20世纪90年代后期，互联网初创公司从风险投资家那里获得了大量的现金。这些公司的经营者颇为年轻，没有经历过商业界的洗礼，他们的办公室看起来更像是游戏室。那里有瑜伽球、蹦床、台球桌、乒乓球桌和桌上足球。这一切都很有趣，充满了潜力。然而，这些公司还没有探索出赚钱的方法。有鉴于此，你可能会认为这些娱乐元素有点儿让人分心。

在初创阶段，谷歌创始人就将广告作为公司的盈利点。[20]他们认为点击技术是未来的趋势。当人们点击一则广告时，广告商就要向谷歌支付点击费用。广告商希望支付更高的每点击费用，以确保自家广告在广告栏顶部，从而获得更多的曝光。但是谷歌的工程师发现了这个过程中潜藏的一个漏洞。谷歌的大部分收入来自消费者点击广告。如果一个广告商提高每点击费用来获得更好的广告投放位置，但是没人想要购买广告商的产品，那么点击次数就会减少，谷歌的收入就会下降。所以谷歌决定向那些更有可能被点击的广告提供优先投放位置。如果一个广告商的每点击费用较低，但是其广告被点击的可能性高于其他广告商10倍，那么它的广告就会获得更多的曝光。这个小小的改变使得关键词广告从一个百万美元的想法变成了数十亿美元的创意：广告必须具有相关性。

谷歌是如何想出这个主意的呢？有一种说法，可能是真实的，也可能是虚构的。这个想法来自两名谷歌工程师在办公室打台球时的灵光一现。你可以想象以下场景：一个工程师俯身靠在台球桌上，手里拿着球杆，专注于他手头的一杆；另一个工程师站在旁边，漫不经心地望着，没有专注于任何事情，他的默认模式网络在处理他已经烦恼了几个月的问题。根据华盛顿大学伊薇特·谢林博士的观点，这名工程师的默认模式网络正在解决问题、预测和思考未来，同时审视着该名工程师的思想和感受。突然，一个解决方案蹦了出来：广告必须具有相关性。

我们都有过顿悟的经历，都有过使用无意识思维解开长期困扰自己的谜题的经历。这就是无论其真实性如何，这个故事被反复讲述的原因，它是如此贴近我们的生活。有些人在遇到难题时，会做一些不费脑筋的活动，比如洗碗，有些人则会散步、洗澡或看无聊的电视节目。直到现在，神经科学才发现了这一普遍现象背后蕴藏的机制。

J. K. 罗琳曾经回忆，有一次她乘坐的火车在曼彻斯特和伦敦之间的轨道停了下来。[21]她手上拿着一支没有墨水的钢笔，望着窗外。她不好意思向别人借用钢笔。就在这时，她脑海里闪现一个灵感。

"我真的不知道这个想法从何而来，"她后来说道，"它就这样出现了，完全成形，印入了我的脑海。我当时在火车上，突然构想了一个故事：年轻的男孩对自己的身世一无所知，他在一所魔法学校学习。他叫哈利，然后所有的角色和情节都涌入我的脑海。"

就这样，哈利·波特的故事诞生了。

这样的故事让人觉得创新是一时兴起的产物，不需要太多付出。但事实并非如此。J. K. 罗琳从6岁起就开始写故事。门捷列夫花了3年时间研究化学教科书。爱因斯坦对宇宙奥秘的探索持续了10多年。加里·斯塔克韦瑟一生致力于光学研究。弗兰克·盖里为了设计云杉街8号大楼努力了多年。而对他们来说，他们的默认模式网络都在整合他们所接收的信息，但只有进入放空状态时，他们才会获得线索。

当然，默认模式网络给管理者和领导者带来了一个明显的悖论。作为一个管理者，当你给员工派发任务时，你是不是在扼杀他们的创新思维？我们不能坐等默认模式网络带来顿悟时刻。正如我们所见，默认模式网络在我们努力工作、收集信息和冥思苦想之后才能运作得最好。但在找到解决方案之前，我们不应该只绷紧神经闷头努力。在这一点上，神经科学告诉我们，需要后退一步，需要放空自己。

以午睡这种久负盛名的享受为例。[22] 在世界各地，午睡的习惯已经渐渐消失，甚至在西班牙这个以午睡而闻名的国家也是如此。其中的原因很简单。谁会相信多睡一会儿有助于我们取得进步呢？这与追求效率的现代生活冲突，我们希望尽可能多地完成工作。开放且非目标导向的时间安排被视作浪费时间。然而，研究表明，按照人体的昼夜节律，在午饭后短暂地小睡 5～15 分钟对我们的认知功能有非常积极的影响。效果几乎立竿见影：在接下来的 1～3 个小时内，我们会更加清醒，思维更加敏捷、清晰，注意力也更集中。托马斯·爱迪生作为电灯的发明人，以打盹儿而闻名。他有时甚至会蜷缩着睡在拉盖书桌上。而正如我们现在所知道的，那些入睡和醒来的时刻，往往是我们的默认模式网络提供新颖解决方案的时刻。

按照人类大脑的运作方式，当我们不拘泥于任务，给自己留出一些空白空间时，大脑就能够产生惊人的联系。从大脑的结构来看，要想解决复杂的问题，创造新颖的东西，我们就需要让思维更加自由和开放。

晚间散步

在我 9 岁那年,我们家从以色列特拉维夫搬到了得克萨斯州的埃尔帕索。我的父亲决定重返校园学习电气工程。

对我和哥哥来说,搬家是一次有趣的经历。但对父母来说,这是一次极大的冒险。他们远离了亲朋好友和熟悉的环境,用积蓄在沙漠边缘租了一间小公寓。

我父亲的英语水平很一般,他连用英语记笔记都跟不上课堂的进度,只能先在脑海里翻译,再用希伯来语写下来。他每天早上 6 点起床、学习,和我们一起吃一顿简单的早餐,坐公交车去学校,回家后继续学习,在吃一顿简便的晚餐后一直学到晚上 10 点或 11 点。这是他每天的常态。真不知道我的父母是如何在我父亲繁重的学业中兼顾养家糊口的。

但在日常生活中,有另外一件事情对我父亲来说同样重要。每天傍晚,当太阳落山,气温回落到一个舒适的水平时,他便会外出散步。

我经常陪他外出散步,在家附近山丘上窄窄的小路间穿梭。我们很少说话,而且沿途的风景没什么好看的,只有仙人掌和偶尔出现的野兔。

在散步过程中,我的父亲没有取得任何突破性发现。他没有创造一种新的元素排列方式，也没有构思一个畅销小说系列。但是我确信，他享受的空闲时间和他的默认模式网络的活动帮助他保持了高水平的学习效率。

不久前，我的父亲结束了他漫长的电气工程师职业生涯，退休了。在最近的一次探望中，我问他关于那些散步的经历。他用了很长的时间才回忆起来，然后他用工程师式的概括口吻简单地说："那些散步很有必要。"那些宝贵的空闲时间——无论是长时间的散步还是小学生的课间休息——对我们的心理健康非常重要，因为它让我们的大脑有机会处理我们接收的海量信息。但是在今天，当我们需要解决一个问题时，我们往往认为我们必须更深入地投入头脑风暴和学习，必须工作得更努力、更持久、更高效。

如果你在下周需要完成一个重要的项目，你会如何规划你的时间？你会利用午餐时间和晚上时间加班吗？以团队分工的形式共同完成任务？你会全神贯注而不分心吗？

我猜你最不想考虑的事情，一件令你几乎感到尴尬的事情，就是给自己一些放松和做白日梦的时间，给计划好的流程带来一点儿混乱。有意识地留出一些非结构化的空白空间，让自己的思绪随意飘荡一段时间，或者出门随便走走。

记住，神经科学家最初把我们的大脑比作汽车，大脑的不同区域就像发动机一样，在需要的时候运转，在不使用的时候停止。这种模式是工业时代的产物，现在我们有了更好的方法来理解大脑运作机制。然而，管理者一直以来都在使用过时的模式来指导员工。

但在信息时代，管理者的管理范式需要从管理员工的身体转变为管理员工的思想。一具不工作的身体是没有贡献的身体，这无可否认。但强调空白空间的思想可能是一个管理者甚至是一家公司最宝贵的财产。

一直忙于解决问题的员工可能没有为自己的大脑留出足够的空间来整合信息和提出有创意的解决方案。

在军队中创造空白空间

美国军队在考虑新项目时有一个非正式的标准，通常被称为"《纽约时报》头版测试"。它的意思是，如果新项目的信息泄露，登上美国全国性报纸的头版之后，会引发什么样的反响？会让人多么难堪？更重要的是，会不会有人因此被追究责任或引咎辞职？

在和登普西上将寻找实验地点时，我们认为佐治亚州的奥古斯塔最合适，主要是因为它轻易通过了《纽约时报》头版测试。除了在4月初高尔夫大师赛时人满为患，奥古斯塔其实并不是个旅游胜地，在那里进行实验听起来也不像是在浪费时间。

史蒂夫·罗特科夫去奥古斯塔考察了一些酒店，确定参与者的住宿地点和项目举办地点。为了符合政府的标准，他至少需要三份报价，所以他参观了一些候选酒店。罗特科夫随身携带了一份复杂的表格，列出了每家酒店的不同属性：位置、房间舒适度、健身房质量等。他根据自认的各属性对军官的重要程度，给每个属性赋予了不同的权重：健身房非常重要，房间舒适度则不那么重要。

当我降落在奥古斯塔机场时，罗特科夫笑容满面。"我找到了理想的酒店！它完全符合我们的要求。它位于市中心，干净整洁，健身房也非常棒。"

"太好了。"我回答道。虽然生活中有很多事情让我感到愉悦，但寻找举办会议的酒店并不是其中之一。在我看来，我们越快确定酒店，就越有时间去探索这个城镇。

第二天早上，我们走进了一家热门连锁酒店。在宽敞的大堂内，一切都很干净，富有现代化气息。房间很大，员工热情友好，乐于助人。健身房的设备齐全，适合专业运动员使用。我们的会议举办场所类似于其他连锁酒店中的大型会议室，可以满足我们对大型企业管理者或领导者会议的所有期待。

"接下来，"罗特科夫说，"我们要去参观鹧鸪宾馆。我想简单查看一下，但负责的女士邀请我们进行全面参观，我认为拒绝她并不礼貌。"罗特科夫接着说，鹧鸪宾馆的位置并不好，离一切市政设施都很远，它的健身房只剩几台尼克松时代的运动器材。

当我们驱车前往鹧鸪宾馆时，车窗外的景象迅速从干净、现代化的市区变成了破败不堪的街道和店铺。这家宾馆曾经是奥古斯塔的一大亮点，但如今已经陷入了困境。地毯磨损，楼梯吱吱作响，在与墙壁连接的地方，天花板也不平整。我们从一个房间走到另一个房间，几乎在错综复杂的走廊中迷路。然而，这家宾馆有一种魅力。置身其中，除了迷路，你似乎也可以迷失自我。

午餐时，我战战兢兢地转向罗特科夫上校，告诉他："你会恨我的。"

"为什么？"他问。

"我认为鹧鸪宾馆更适合我们的项目。"

"你是认真的吗？"他惊讶地问我，显然想知道我是否在开玩笑。

"我的意思是，感受一下这个地方。"我试图解释。

"我不知道你在说什么。"罗特科夫突然说道,同时拿出了他的决策表格。表格清楚地显示,另一家酒店在各个方面都更优秀。

"这些舒适的角落怎么样?"我试图让自己的话听起来更有说服力。我指出,军官们可以坐在外面的游泳池(虽然漆皮已经剥落)边,或者在大阳台上欣赏城市景观。

我们反复讨论表格的内容以及史蒂夫·罗特科夫所谓的"氛围"。当然,军队实质上是一种决策矩阵类型的组织——它采取的行动基于某种逻辑而非个人直觉。然而,或许是因为我的唠叨,或许是因为我发誓在选择鹧鸪宾馆后承担相应的责任,罗特科夫妥协了。

两个月后,罗特科夫和我正在准备第一天的课程。我们有来自不同军事基地的12名参与者。我有点儿担心他们抵达后会环顾这个古怪的地方,并摇着头问:"这到底如何帮助我们赢得战争?"

在多次尝试布置房间之后,罗特科夫和我最终同意将会场布置成马蹄形,所有成员都可以看到彼此。我们布置了长桌子,每张桌子上都有一壶水和足够的空间供参与者摊开他们的笔记和阅读材料。然后我就去睡觉了,计划第二天早上早起,在快要散架的跑步机上锻炼一下。

军队的一个特点是守时。在实验开始前的 10 分钟，所有参与者都已经就座，手握钢笔准备开始一天的日程。在简短介绍之后，是时候开始这个实验了。

"我不想扫大家的兴。"登普西上将派来参加项目的戴夫·霍兰说道。他坐在那儿，双手交叉，嚼着无烟烟草，似乎不太高兴。"我以为这个实验是要做点儿与众不同的事情，而我们现在围坐在桌子旁边。日程安排中这个该死的圆圈到底是怎么回事，奥瑞？"

在保持自身言行不过于夸张的同时，我忘记了这个实验的目的是引入混乱。

"你说得没错，"我回答道，"把桌子推到房间后面去，我们围成一圈坐下。"和军人合作的好处之一就是，他们会服从命令。

罗特科夫显得很自如。这是我第一次感激他在一个如此重视制度和礼仪的组织里工作了 30 多年，却能如此灵活、开放地接受新的想法。日后，我时常对他心怀感激。

在随后的几天里，小组的氛围和风格开始改变。我们有时间闲聊，逛逛宾馆，或者静静地坐在外面思考。

几天后，科特·沃辛顿从加州大学伯克利分校来到了会场，受到了热情而有所保留的迎接。他以一些有趣的即兴练习开始了这一天。这些练习不追求逻辑通顺，而是要摆脱结构上的束缚。在大约一个小时的活动之后，我们要求参与者花 20 分钟时间思考两个简单的问题：你通常在团队中的表现如何？以及，如果你说了算，你想要做什么？

我们没想到这些问题会产生很大的影响，但这就是奇迹发生的地方。有一个成员谈到了他在青少年时期遭受了无情的嘲笑。另一个谈到了在阿富汗服役时一颗炸弹在面前爆炸的经历。还有一个描述了他在卡车车队驾驶途中遇袭的感受。

有些故事令人心惊肉跳，有些则充满了希望。但它们都有鲜活、丰富和真诚的情感。有一天，一个平时不太爱说话的参与者发言了。"你们知道吗，昨晚发生了一件有趣的事。这是我 4 年来第一次拥有完整的睡眠。我一直被噩梦困扰，直到昨晚，我才安然入睡。"

他给我们讲了一个他第三次在伊拉克服役时的故事，当时他的小队听命清理一栋建筑物。他最好的朋友在他面前打开建筑物大门的瞬间遭到枪击，当场毙命。

"我从来没有摆脱过那段记忆，"他告诉我们，"他倒在我面前的画面挥之不去。我想，在和大家相处的这段时间里……有什么东西正在帮助我面对这一切。"

所有人都静默了。过了几分钟，戴夫·霍兰开口说道：

"你知道吗,我们的军队处在不断变化的战争中,战争的节奏太快了。别误会,我的意思是,军人以服从命令为天职,我们都是军人,但我们根本没有时间思考。"

军队因为过于专注于效率,几乎剥夺了官兵生活中的空闲时间。想象一下,他们经历了如此血腥且往往致命的经历,却没有机会仔细思考究竟发生了什么。但在奥古斯塔,只要花一点儿时间去接受无序混乱的概念,不寻常的想法和压抑的情绪就会涌现。

例如,我们的团队成员在讨论军队里的自杀问题时产生了顿悟。连续三年,军队因自杀产生的减员甚于战斗减员。与其把结束服役的士兵集合在大礼堂里上课,告诉他们不要轻生,为什么不把他们安排进我们在奥古斯塔组织的小型讨论组里呢?

团队成员提出的另一个想法与士兵们收到的冗长而晦涩的战斗手册有关。如何渡过河流?手册中有一页会教你。如何进入一座陌生的城镇?手册中有一页会教你。如何给卡车换轮胎?是的,这本手册也会教你。有人问道,如果军队开设自己的YouTube(优兔)频道,不再依赖手册,而是让士兵通过看视频演示的方式学习如何完成简单的任务,那么情况会如何呢?与其阅读几页纸的文字来了解如何给卡车换轮胎,士兵不如在一分钟的视频中学习具体的操作。这对于平均年龄 18 岁的士兵来说，是不是更简单易懂呢？

这些想法都是在一段空闲时间——一段惬意的休息时间之后涌现的。是的，参加我们项目的军官有多年的训练、战斗和领导经验，但他们在鹧鸪宾馆享受的空闲时间，他们启动的默认模式网络，才是他们吸收过往经历并产生创新想法的关键。

最重要的是，人类大脑有着解决问题的惊人能力，前提是我们不专注于手头的具体任务。但我们需要让这个过程自然而然地发生。我们需要中断逻辑问题的解决思路，激活我们的默认模式网络。往往就是在我们放手、放下笔、入睡或者线下聊天的时刻，我们才会体验真正的灵光一现。

第五章

裸体冲浪

天才与疯子

乔·尼兰兹是加州大学伯克利分校知名的生物化学教授。他直视着我说道:"我们要有麻烦了。"

我坐立不安。乔在业内享有盛誉,我担心我的请求惹恼了他。他于1951年首次来到这所大学,很快就以倡导社会公正而闻名,在越南战争期间亲赴越南北部记录侵犯人权事件,后来(成功地)与大学以及加州最大的公用事业公司抗争。当我第一次与他握手时,我注意到他少了一根手指,这是他亲手建造房子时受的伤。

我作为一名本科生找到尼兰兹教授,请求他做我的学术导师。说我紧张都是轻描淡写。实验室里一排排忙于摆弄试管和显微镜的研究生让我心生敬畏，他们正在进行的研究可能会改变科学界。来到他的办公室后，我已经因为我的这个请求而汗流浃背。如果他拒绝了，我该怎么办？

"问题在于，"他继续说道，"我对这所大学的官僚作风不感兴趣。对我来说，你想学什么就学什么，所以我不知道我能给你多少有用的建议。"

在发现他并没有生气或拒绝我之后，我如释重负，说话间也发出一阵短促的笑声。"我觉得这种建议，"我回答说，"正合我意。"

在之后的几年里，尼兰兹成了我的良师益友。每次我去他的办公室，他都会跟我分享他最新的政治行动或生物化学的新发现。他说过的一句话让我铭记在心。

有一天，我随口对斯普劳尔广场上的示威者和混乱的局势发表了一句评论。"我希望他们不要急着抗议，"我对尼兰兹说道，"我感觉伯克利已经被反主流文化侵占了。"

从对方的脸色可以看出，我的话似乎惹怒了他。

他说："在我看来，这些抗议就像一千朵鲜花，让它们都盛开吧。"他穿上外套，戴上帽子，站起身来，然后继续说道："跟我去一个地方。"

我跟着他离开走廊，来到一个摆满烧杯、试管和金属桌的实验室。"在这个实验室的几十个研究生中,只有一个获得了诺贝尔奖:凯利·穆利斯。"

我从他的话中得知,凯利·穆利斯从小在北卡罗来纳州的勒诺长大,在佐治亚理工学院主修化学。1966年,穆利斯被伯克利分校的生物化学博士项目录取。

"他常坐在实验室的角落里,调配化学品,给自己惹了不少麻烦。他曾试图合成强效致幻剂LSD,甚至有一天差点儿炸毁整栋大楼。教职工都很生气,他们因此给我找了很多麻烦。我只是告诉他们管好自己的事。"

穆利斯曾公开声称自己被外星生命造访。他喜欢冲浪……而且是裸体冲浪。他是为数不多公开质疑艾滋病由HIV(人类免疫缺陷病毒)引发的科学家之一。

加州大学伯克利分校被誉为全球最负盛名的科研机构之一,而穆利斯似乎对此非常不屑。当时他很可能会被学校开除。但是,乔·尼兰兹把他纳入了自己的实验室,为他提供了工作和空白空间。

当穆利斯毕业时,DNA的研究已经取得了巨大的进步。但科学家苦于研究单独的一条DNA链,他们需要收集大量的样本。这当然限制了DNA在样本稀缺情况下的用途——比如,犯罪现场的一滴血。

一天，在沿着加州太平洋海岸公路开车时，穆利斯灵光一现，这让他获得了诺贝尔化学奖。他想出了一种方法，可以将一条DNA链复制成数千甚至数十亿个相同的副本。这个过程被称为聚合酶链式反应，即PCR。

PCR的工作原理与文本处理器上的一行文本的复制过程类似。[1]第一步是将DNA加热到接近沸点，这会导致双螺旋分离成两条独立的遗传密码。

接下来，遗传学家需要找到他们想要复制和标记的DNA片段。他们不用光标和鼠标点击一行文本，而是使用寡核苷酸——一组短的DNA片段。当液体的温度降低时，被选中的寡核苷酸会与科学家想要复制的DNA片段结合，就像是在标记它一般。寡核苷酸旨在与待复制的DNA片段的起点和终点匹配。

随着温度再次升高，一种叫作Taq DNA聚合酶的酶会与寡核苷酸结合。这基本上就像是在键盘上按下复制组合键来复制一段文本一样。随后，Taq DNA聚合酶添加核苷酸，以产生DNA片段的新的长副本——就像按下粘贴组合键复制文本一样。现在你就有了一个被选中的DNA片段的完整副本。重复这个过程30次，你就有了DNA片段的超过10亿个副本。

如果你看过《犯罪现场调查》，其中的侦探通过一根细小的毛发来寻找凶手，或者你读过遗传学家发现基因突变导致某种疾病的报道，或者你的好友接受过遗传病筛查，那么你就已经亲眼见证了穆利斯的发现的成果。

下面是穆利斯描述他发现 PCR 的过程。"当时的伯克利分校不甚太平，但乔·尼兰兹是一位完美的导师，他带领我们优雅地度过了这段时间。我们每天下午 4 点围坐在乔从家里带来的一张柚木桌子旁喝茶聊天，乔每月给桌子上一次油。"[2] 这种环境与校园里其他的实验室非常不同。在后来的日子里，尼兰兹让我自行选择课程，我也享受了与穆利斯同样的学术自由。

"只要我完成论文并获得学位，"穆利斯回忆道，"他就不在乎我做什么。我可以快乐地留在他的实验室里，遵循自己的好奇心，即使选择音乐课程也无所谓，只要乔认为我们最后能够成功毕业。"

想想看，这对其他的教职工来说一定十分荒谬：两个古怪的科学家在实验室里喝茶，讨论音乐和哲学。我们中的许多人可能已经在摇头了。然而，穆利斯向我们展示了空白空间的重要性，尤其是当它与被我称为异类的人配对时。异类通常是那些因为太过与众不同，或者持有过于极端或非主流的观点而被组织排斥的人。

在中世纪欧洲，鼠疫造成的空白空间让人文主义者——这些局外人或异类——被纳入了体制。他们的观点在今天看来可能相对普通，但在当时却是对神明的亵渎。通常情况下，当时的教会神职人员不会与他们有任何关系，就像加州大学伯克利分校生物化学系的其他教授不想与凯利·穆利斯有任何关系，爱因斯坦的物理教授不想与他有任何关系一样。混乱给他们提供了一个机会，而他们有足够的空白空间来追求自身的想法，有充分的成长空间。

这里的重点不在于强调多样性。是的，思想的多样性对一个组织有帮助，但我们在这里谈论的往往是更极端的——会让我们感到非常不舒服的人。

乔·尼兰兹于2008年去世。去世之前，乔和我回顾了那天在伯克利看到广场上抗议活动的情景。"在我整个职业生涯中，"他说，"我的同事们都认为我是一个古怪的家伙，有各种古怪的理念，在实验室招收疯狂的研究生。现在他们为穆利斯感到自豪，但当时他们不愿意接触他。"

人们不一定能容忍异类，比如穆利斯。异类往往是局外人、叛逆者，有时甚至可能看起来是个十足的疯子。但有时候，我们把那些在组织中看似一无是处的家伙纳入进来对组织来说是有益的。

为电子游戏角色赋予生命

听到凯利·穆利斯的故事，我母亲用她的以色列口音打断了我："所以，你是在告诉人们，公司应该雇用疯子？他们会开枪扫射，然后将一切归咎于你。"

我发现自己在为穆利斯辩护。"他不是疯子，他只是不寻常……对于他当时所处的环境而言。"

"在实验室里制毒可不正常。"我母亲反驳道。然后我们结束了讨论。

我相信，如果有见面的机会，我母亲可能会更喜欢一个叫宫本茂的人。[3] 在日本长大的宫本茂想要成为一名画家或木偶师。他一直是一个梦想家、一个艺术家，认为情感联系是生活中必不可少的一部分。

宫本茂的大学生活和爱因斯坦的相似——平平无奇。他就读于一所工艺美术学院，却经常旷课。他大部分的时间都在寻找班卓琴演奏者，因为年轻的宫本茂迷上了蓝草音乐，想寻找志同道合的伙伴给他的吉他伴奏。他用了5年的时间才拿到毕业证。

和爱因斯坦一样，当宫本茂终于毕业后，他的父亲帮了他一把。父亲联系了一名老友，而后者正好是日本电子游戏巨头任天堂的CEO（首席执行官）山内溥。

当任天堂 CEO 山内溥答应朋友的请求和宫本茂见面时，电子游戏行业是什么样的？几十年来，街机游戏依靠各种机械吸引玩家。问题在于，你可以设计出各种新奇有趣的弹球机，但说到底，它们只是弹球机而已。电子游戏的出现让所有的动作都发生在屏幕上，开辟了无穷的可能。突然之间，你就可以在屏幕上构建一个完整的想象中的世界。

当时的街机游戏风靡全球。世界各地的孩子排着长队，手握硬币，争相玩《太空侵略者》和《吃豆人》。这些硬币无数次地变成了巨额的利润，一股小型电子游戏热潮正在兴起，各家公司都在竞相打造下一个爆款。

回想一下，在 20 世纪 70 年代后期，一款普通的街机游戏长什么样：在一个屏幕中使用两块可移动的板来回打一个移动的"球"，或者一个玩家试图操控一个弹球去破坏一排排的障碍物。到 20 世纪 80 年代初，该行业已经发展到了粗糙的像素化角色。

当时的任天堂还没有涉足电子游戏市场，但它已经凭借一款名为"彩色电视游戏"的家用游戏机取得了成功。任天堂认为它可以运用自己的技术制作一款受欢迎的街机游戏。

任天堂是业界公认的工程能力超群的公司。但毕竟，制作电子游戏基本上是一项工程壮举，需要将硬件（游戏主机及其零件）和软件（游戏本身）结合。

山内溥对宫本茂这样有工业设计学位的人不感兴趣。山内溥讽刺道："我要的是工程师，不是画家。"不过，他还是看在老友的情面上，同意和宫本茂见面，并最终给后者提供了一个艺术设计的职位。任天堂从未有过艺术设计人员……也似乎没有必要在一个由移动的板和弹跳的小球构成的数字世界里安排这类职位。

试想一下，如果你是山内溥，任天堂应该如何在街机游戏市场上有所作为呢？当然，任天堂需要打造一款更好的游戏机。这也正是任天堂所做的。山内溥成立了三支团队，团队之间互相竞争，从而完善游戏机。他们致力于工程解决方案，比如提高屏幕分辨率和改善图形效果。而宫本茂则被安排到了规划部门做学徒，他设计了一些图案来装饰街机的两侧。宫本茂最接近游戏设计的一段体验是为任天堂开发的一款名为《雷达地带》的游戏绘制插画。

如果你从未听说过这款游戏，请不必担心，其他人也没听说过。它是当时流行的一种游戏类型的变种，玩家需要击倒那些嗜杀成性的怪物或外星人。这款游戏没有可圈可点之处，基本上是个失败品。

但就像20世纪60年代加州大学伯克利分校的动荡局面给凯利·穆利斯提供了一个在尼兰兹教授实验室工作的机会一样，

《雷达地带》对宫本茂来说也是一次机会。

在华盛顿州的雷德蒙德，2 000部搭载《雷达地带》的游戏机被断电，在电子游戏创新的潮流之中被淘汰。为了挽回损失，山内溥把宫本茂叫到了他的办公室，告诉他，公司需要研发一款新的游戏。其中一个研发团队的负责人横井军平会指导宫本茂，但后者可以在其他方面自由发挥。宫本茂的任务很简单：把《雷达地带》改造成一款孩子们愿意玩的游戏。

这位志向远大的艺术家在工程师的领域里施展了自己的才华。接下来发生的事情成了传奇。

宫本茂没有卷入任天堂三支研发团队之间的竞争，他从自己对游戏设计的理念出发，认为应该像对待故事一样对待电子游戏。他想到了一种前人未曾探索的理念——让玩家真正关心游戏里的角色。

对宫本茂来说，电子游戏是他为动画书和漫画书中的角色赋予生命的一次机会。这是一个简单的想法，但这个简单的想法在之前的电子游戏界从未被人提及。

他首先和横井军平聊了聊，了解当时技术水平的限制。在和工程师的交流中，宫本茂开始构思一个新颖的游戏主人公，他身穿红色背带裤，戴着红色帽子和白色手套，在屏幕上十分显眼。他粗壮的手臂可以更好地展示自己的动作。宫本茂之所以给他戴上了一顶帽子,让他长出浓密的胡子,是因为制作头发和嘴巴的动画依旧很难。这些设计都是为了在电子游戏世界的限制下简化游戏。

宫本茂为这款游戏编写了一个故事情节。故事中的主角为了救出被自己饲养的大猩猩抓走的女友,爬上了一栋未完工的高楼,展开了一系列冒险。虽然听起来很荒唐,但其实主角平时对自己的大猩猩很不友好,大猩猩为了报复他,就抢走了他心爱的女友。

就这样,《大金刚》这个经典游戏诞生了。

当任天堂美国分部的销售人员第一次见到这款新游戏时,他们都很失望。他们习惯了各种射击类游戏,根本不相信这款游戏能够大卖。有一名销售甚至准备跳槽。但是,《大金刚》最终证明了自己是任天堂发行的首部爆款游戏。

在取得这一成就之后,宫本茂获得了其所在团队的领导权。他面临着一个非常明确的挑战:制作一款前所未有、天马行空的电子游戏。

宫本茂从《大金刚》中穿着背带裤的主角开始了游戏设计。这一次,他设想游戏主角去营救一位公主。这次,主角不必爬上建筑物,但必须游历不同的世界。

宫本茂的创新有两大显著的特点。第一,画面是动态的。

角色不是在一个静态的迷宫中，因为游戏画面会向前推移，玩家会遇到新的场景。当游戏主角从左向右行走和奔跳时，他就进入了新的世界。第二，这款新游戏与《大金刚》类似，都属于叙事类游戏。

宫本茂这样阐述他的创作过程：

> 如果你走在路上，你眼中的一切都超乎你的所见，比如那个穿着T恤和休闲裤的人其实是个战士，那个看似空旷的空间其实是通向另一个世界的隐秘之门，你会怎么办？如果在熙熙攘攘的街道上，你抬头一看，发现了一些根据常识本不该存在的东西，你会怎么办？你要么摇摇头，无视，要么承认这个世界比我们想象的更加丰富多彩。也许那真是一扇通向其他世界的大门。如果你决定走进去，你可能会经历一场奇幻的冒险。[4]

虽然这个想法在现在看来是不言而喻的，但当时，将一个情感细腻的故事融入游戏可谓创举。正如《模拟人生》这款广受欢迎的游戏的缔造者威尔·莱特对宫本茂的评价："他从玩家的视角出发制作游戏，这就是他的魅力所在。"工程师只关注技术和成本，而宫本茂作为电子游戏界的异类，认真倾听玩家的心声。他比其他游戏设计师和软件工程师更早地意识到，游戏应该与玩家有情感共鸣。而他的新游戏《超级马力欧兄弟》，比《大金刚》还要火爆。

宫本茂紧接着推出的《塞尔达传说》又是一个爆款。游戏中的塞尔达公主以弗朗西斯·斯科特·菲茨杰拉德妻子的名字命名。在游戏界，没有多少工程师和设计师会从文学中汲取灵感。截至目前，《塞尔达传说》已经推出了十几部续作。

作为一个完全颠覆了电子游戏界的局外人、叛逆者和异类，宫本茂的影响遍及如今爆火的电子游戏，包括《使命召唤：现代战争》《侠盗猎车手》和《模拟人生》系列。每一款游戏都为玩家打造了一个可探索的完整世界，玩家可以在游戏的叙事展开中与角色产生共鸣。如今的游戏已经变得更加复杂，但它们的总体结构仍然基于宫本茂的创意。

编织两个世界

宫本茂在任天堂担任了两个角色。第一，他像凯利·穆利斯一样，为团队带来了新的、前所未有的想法。第二，他将两个原本分离的世界编织在一起：传统的电子游戏世界以及充满幻想和冒险的漫画世界。

我们在企业和创业圈也见证了这种模式的重现。具体来说，空白空间为局外人提供了一个机会，他们得以提出一些前人未曾考虑的想法。

摇摆乐的诞生正是如此。[5]它起源于佐治亚州一个名叫弗莱彻·亨德森的年轻人。在从哥伦比亚大学获得化学硕士学位之后，亨德森很快发现，那时的美国没人愿意雇用一个非裔美籍化学家。于是他转而投向了音乐，同时也是他的最爱，从事钢琴演奏，并最终组建了自己的乐队，吸引了路易斯·阿姆斯特朗等名流。

在整个20世纪20年代，亨德森的乐队在曼哈顿中城的玫瑰岛舞厅和哈勒姆区的萨沃伊舞厅等传奇场所演出。亨德森是当时纽约顶级的乐队领队之一，直到1929年股市崩盘。他急需用钱，转而出售他最珍贵的财产：歌本。

想象一下，如果当今最有才华的音乐家出售自己的歌曲库会发生什么。你会看到一场争权夺利的闹剧。但在那个时代，亨德森的音乐在纽约和芝加哥等北方城市之外几乎无人问津。而另一个局外人，一个俄国犹太移民的后代，意识到了亨德森歌本的真正价值。

本尼·古德曼于1909年出生于芝加哥，他在10岁时便报名加入了当地犹太教堂的唱诗班。[6] 作为密西西比三角洲发往北方的列车的终点站，芝加哥是爵士乐和蓝调发展的重要城市。来自南方的非裔美国音乐家可以在那儿尽情演奏。

当古德曼在20世纪20年代与当地的管弦乐队合作时，俱乐部和舞厅里流行的是来自南方的摇摆蓝调。在他父亲去世后不久，古德曼于1926年移居纽约。古德曼一直是一个精明的商人，他从1929年的股市崩盘中逃脱。在听说亨德森的困境后，他既想帮助他的音乐同行，又想抓住一个有利可图的投资机会。

在接下来的几年里，古德曼用亨德森的歌曲打造了自己的曲目。1934年，古德曼的乐队在广播节目《让我们跳舞吧》担任驻场乐队，演奏了许多亨德森的编曲。但问题在于，乐队是在午夜现场演出，所以听众寥寥无几，这一点在乐队巡演时暴露无遗：在一个又一个城市，乐队成员置身于半空的大厅里演奏。

但这一切都在8月的一个夜晚发生了改变。当时的古德曼西行至加利福尼亚州的奥克兰，在麦克法登舞厅进行了一场演出。

当古德曼演奏亨德森的编曲时，麦克法登舞厅里的满场观众沸腾了。这不是一个偶然的事件。两天后，在洛杉矶的帕洛玛舞厅，同样的事情发生了：满场观众激动得跳起了舞。

为什么古德曼的音乐在加州如此受欢迎？《让我们跳舞吧》在美国东部时间的午夜进行全国直播。当东海岸的大多数人处在睡梦中时，西海岸的孩子们都清醒地守在电台前——那时才晚上9点。他们喜欢这种新音乐，而且对它欲罢不能。摇摆乐的时代开始了，而本尼·古德曼将加冕为王。

当然，本尼·古德曼本身也才华横溢。他是一位出色的演奏家，对好音乐具有敏锐的判断力。但是本尼·古德曼与众不同的地方在于，他是非裔美国音乐在美国流行文化中的一个传播者和翻译者。

移民出身的古德曼最初没能融入美国主流文化，这使得他不太受制于文化规范和"正确"的表演方式。他跨越了种族和音乐的界限，沟通了白人和黑人的世界。古德曼的背景让他在非裔美国人社区感到自在，而他的白人身份又让他得以进入传统的白人音乐场合。他能够将两个世界编织在一起。

像古德曼和凯利·穆利斯这样的叛逆者或异类有助于引入并融合来自不同领域的想法，再将它们传播到一个文化、社会或组织中，就像文艺复兴时期的人文主义者在天主教会内部传播新思想一样。

例如，在15世纪，枢机主教（库萨的）尼古拉是一位科学家。[7] 枢机主教是科学家这件事，在一个世纪前是闻所未闻的。然而，这位枢机主教自己磨制了眼镜，以便在近视的情况下继续阅读。在穿越地中海的一次旅行中，他设想也许地球并不是宇宙的中心。他的这一世界观影响了哥白尼和开普勒。他的数学著作影响了莱布尼茨对微积分的发明。

邀请异类加入

在思科系统公司，副总裁罗恩·里奇接受了邀请异类加入以务实著称的大型科技公司的理念。[8] 里奇指出，在许多组织中，员工将自己的职业生涯与他们的上司挂钩，并试图跟随他们的上司在组织层级中实现纵向晋升。里奇认为，其中有三个问题。第一，这会造成忠诚度问题——员工忠诚于自己的上司而非整个公司。第二，员工手头的工作可能不是他们最擅长的，他们也可能不会从中获得最大的乐趣，但为了实现纵向晋升，他们不会进行其他领域的探索。第三，如果员工想进行其他尝试，他们就不得不离开公司，并带走自己所学的技能。

为了解决这个问题，里奇在思科推行了一种"横向流动"制度。思科实际上鼓励员工在公司内部转岗，在不同的部门尝试不同的岗位。然而，有意思的是，公司也邀请了员工中的异类进行横向流动。

在思科，在财务部门入职的员工可能最终转岗至销售部门，在人力资源部门入职的员工可能最终转岗至客户服务部门。举例来说，戴夫·霍兰德在思科的职业生涯起步于房地产领域。与其他拥有数万名员工的公司一样，思科需要大量的土地来建设多个园区。所以当奥克兰运动家这支棒球队想要出售一块土地时，他们开始与戴夫·霍兰德谈判，讨论思科的出价。

然而，在谈判过程中，霍兰德发现了一个不太寻常的潜在机会，他认为思科可以在体育场内提供技术。这是两个很少交叉的领域（房地产和职业体育）。但思科有意识地进行了内部组织安排，以回应戴夫·霍兰德提出的想法。

霍兰德认为，思科可以提供技术，管理体育场内视频显示屏上的内容，大到计分板顶部的巨型屏幕，小到热狗摊位的小屏幕。通常情况下，企业会把此类项目交给一个更熟悉思科技术的人。相反，思科让戴夫·霍兰德负责这个新项目。

当然，邀请异类加入也会带来挑战，而人们往往害怕打破现状和发表意见。美国军队就是吃了这样的苦头。

知识就在那里，只需要把合适的人集合起来

退役后复出担任美国陆军参谋长的彼得·斯库梅克将军并

不抱有幻想。[9] 2003 年，关注来自阿富汗和伊拉克的报道的美国人迫切希望知道为何事情会发展到如此地步。斯库梅克上任后做的第一件事就是制作了一份经验总结报告。该报告得出了一些有趣且发人深省的结论。

首先，集体决策普遍存在。正如一位军官所说，美国军队通常"用一种超级美国人的天真眼光"看待世界。美国军队和国防部的文职领导层中的许多领导人把自己想象成过去的好莱坞西部片中的骑兵，在号角声的呼唤下骑马赶赴世界各地挽救危局。他们自认为，当美国入侵伊拉克时，伊拉克人民会张开双臂表示欢迎。

其次，领导层没有考虑到伊拉克地区历史的复杂性和联盟形势的变化。美国军队的计划制订者没有充分考虑到伊拉克平民对战争的反应。更糟糕的是，报告发现，美国军队做出的假设往往伴随重大的失误，比如每个人都想生活在民主制度下。

最后，美国军队的建设停滞不前。"在现代战争中，"登普西上将向我解释道，"你的地面部队会意识到，这是一场不同于往日的战争。他们每天都会体验到这一点，并且努力地适应这一点。我们有很多军官，我们中的许多人都意识到，20 年后的军队将与今日的军队截然不同。

"我们还有很多中层，包括少校、中校，他们已经在军队里服役了10年、15年、20年，他们不想改变。他们想保持现状，而且他们意识到我两年后就会离开这儿。所以他们表面上服从我，心里清楚可以等我离开。"

那么美国军队要如何体现自己的不同呢？美国军队建立了红队大学，史蒂夫·罗特科夫是创始成员之一。可以说，在一个以发号施令和服从命令而闻名的环境中，军队需要的是异类，是无所顾忌之人的拥护者。

当罗特科夫开始与红队大学合作时，他重点培养有批判性思维的人，并训练军官们的反抗性思维。红队大学的学生面临新的思维方式的挑战，需要培养从多个角度看待同一个问题的能力。对一个重视体能和忠诚度而非从多视角探究问题的组织而言，这往往是一场艰苦的战斗。

"你也知道，"史蒂夫在一次会议结束后和我们说道，"我在服役期间发现的一件最令人沮丧的事情是，军队中的一些部门嘲笑知识分子。军队过于关注'采取措施来解决问题'，以至于有时忽视了深入思考问题的重要性。而红队大学认为应该更好地做到两者兼顾。"

红队大学的方法被美国军队接受了，尽管有时是不得已而为之。在伊拉克战争和阿富汗战争之后，美国军队无法忽视这样一个事实：他们需要一些内部的怀疑，并采取一些措施确保自己沿着正确的方向前进。

但是当红队大学的想法融合了中介的力量时，它才变得真正不同。

"你知道的，"史蒂夫那天第四次提醒我，"我是美国政府资源的守护者，我非常认真地对待这份工作。"我点了点头，回应他一个赞赏的表情，试图向他保证我并没有欺骗美国政府。

"你对着我点头，"他说，"但是我现在在该死的医院里。你为什么要把一群军官带到医院来参观？为什么要花费宝贵的政府资源让他们学习护士的洗手方法？"

史蒂夫·罗特科夫在这里遇到了莉萨·金博尔，那个帮助改变医院组织结构以对抗MRSA感染的女人。我觉得人们可以整天谈论中介的力量，但是除非军队项目的参与者亲眼看到，这个想法才会变成现实。

所以我建议团队去参观费城的阿尔伯特·爱因斯坦医学中心。我向史蒂夫建议，医院与军队非常类似。它等级森严，医生处在最上层，工作人员也穿着制服，医院还设立了高度孤立的科室。

一个关于医院的有趣事实是，它在控制MRSA感染方面引入了相当不寻常的声音，而且成果喜人：MRSA感染的发病率下降了近一半。那里发生了一些非纯粹偶然的事情。所以我邀请史蒂夫来看看。

我们乘坐出租车经过了宾夕法尼亚大学，然后经过了一系列废弃的仓库，最后到达了阿尔伯特·爱因斯坦医学中心。这显然是当地一个经济不太发达的区域。然而，医院派来迎接我们的工作人员却十分热情和友好。

"很高兴军队来这儿参观，"一位护士告诉我们，我后来多次从其他人的话语中感受到这种情绪，"我们和军队几乎没有交流，而现在情况有了一些积极的改变，真是令人鼓舞。"

接待我们的人除了莉萨·金博尔，还有杰夫·科恩医生，他当时是医院质量主管。这位白发苍苍的医生向我们解释了医院获得性感染如何成为一个如此严峻的问题，以至于该机构需要采取一些不寻常的手段来阻止所有可预防的死亡。

在参观医院之后（我在每个科室门口都忍不住用消毒剂洗手），我们享用了橙汁和贝果，并受邀参加小组会议。

"我们要去开会？"史蒂夫开始发火，"你知道我每天参加多少场会议吗？我们为什么要参加别人的会议？"在会议上，不同部门的工作人员沟通了工作上的进展，分享了彼此的感受。你几乎可以看到史蒂夫耳朵里冒出的蒸汽。

会议结束时，一位护士问我："你觉得这次会议怎么样？"我试图表示友好，谈论团队的力量，而史蒂夫则保持沉默。

"我们现在可以返程了吗？"他终于开口问我。随后，刚才提问的护士邀请我们参加一场小型分组讨论。

"我们有一场护理技术人员的讨论。"她用温暖的微笑解释道。史蒂夫保持了一贯的礼貌，同意留下来。而就在那时，事情发生了变化。

分组讨论中的5位女性都处于医院等级制度中的较低层级。她们没有接受过太多的正规教育，她们的工作是医院中最艰苦的——给病人洗澡和换床单。

其中一位护理技术人员在开场后便发言："我想提一件事，可以吗？"

"当然。"主持人表示。

"嗯，有件事一直困扰着我。我一直试着不再思考它，闭上我的嘴巴，"她说到这里，其他的女性都笑了，"但是我做不到。我在MRSA隔离病房工作。那是一个双人间，其中一个病人患有严重的感染，但是另一个病人看起来几乎没事。当然，他的MRSA检测呈阳性，但是他的皮肤并没有长疮。这让我很担心，我们是不是在感染那个病情不那么严重的患者？"其他人齐齐点头。

"这太糟糕了！"其中一人插嘴。

我以为主持人会平息抗议，或者至少建议她在日后的工作会议中提出这个问题。相反，她马上打电话给科恩医生。

5分钟后，科恩医生就加入了讨论，听取了她的担忧。"我不知道这件事，"他说道，"这不是感染控制部门做出的决定。你说得对，我们应该改变策略。"就这样，改变发生了。

　　"太不可思议了！"史蒂夫说，他直到这时才开口。他继续说道："真令人难以置信。你刚刚解决了一个重大的问题。你刚刚拯救了生命。"他笑了起来。"知识就在那里，你只需要把合适的人集合起来。"

　　"这样的事情每天都在发生。在医院里，这些人从来不交流。我们发现我们必须……"科恩医生向他解释道，他停顿了一下，"我们必须倾听，因为正如你所说的，知识就在那里。"

　　就在那时，史蒂夫和我都明白了，我们不仅需要反对者，还需要教导人们在不同的领域之间进行调节，即使是在军队这样僵化和结构化的组织中。

　　因此，红队大学的任务之一就是教导士兵和军官成为不同领域之间的沟通者和中介，发挥或大或小的作用。一位军官的话很有道理："我以前认为，作为领导者，我们的工作是告诉军人该做什么，我们要成为导师和向导，也要掌握主动权。而现在我意识到，我们的工作是提出想法、倾听他人的声音并建立联系。"

第六章

为意外收获创造条件

在过去几年里,登普西上将邀请了一些非军方人士从新的视角讨论领导力问题。

军队曾引入了可控性混乱,这让我回忆起了不久前和登普西上将共进的一次午餐。那时的他刚刚接受了喉癌治疗,正处于恢复阶段。

那是他回来工作的第一天,我们的谈话很平静,也很平淡。"你的面色不错,"我说,"你一定吃了不少苦头。你觉得这段抗癌经历改变你了吗?"

"嗯,当然。它让我重新审视了自己的生活,让我意识到我只是个凡人。但最重要的是它教会了我学会倾听。在罹患癌症之前,我其实并不善于倾听他人的声音。讽刺的是,治疗对我的耳朵造成了损害,所以我需要更加专注。"

就在这时，他的助手走了进来，给他端来了一碗蛤蜊浓汤。他看着我说道："我没有——那个词怎么说来着？——纯素的食物给你。但是我让他们给你弄来了一份沙拉。"

"谢谢你。看起来我们在很多方面都很不同，"我对他说，"可能没有多少人会想象我们就这样坐着聊天。"

"这就是机缘巧合的好处。"他回答道。的确，我和将军的第一次交集出于机缘巧合。登普西上将以迂回的方式了解了我的工作，当时有一位军官偶然阅读了我的第一本书《海星模式》，了解了无领导组织的相关知识。这本书最终到了斯坦利·麦克里斯特尔将军手中，他当时是驻阿富汗美军和北约国际安全援助部队的最高指挥官。随后，这本书继续在五角大楼里被传阅，最后落到了登普西上将的手中。他对我提出的一些想法很感兴趣。

在享受沙拉之时，我意识到自己根本不可能预料到我们之间会有合作的机会。我也没有静下心来制订一个计划，把自己介绍给日后的美国参谋长联席会议主席。但是，根据我对空白空间和异类的了解，我清楚地知道混乱在我们的相识过程中发挥了作用。在塑造未来事件的过程中，有时需要规划，有时需要运气。但是我相信，还有一种介于两者之间的东西：为意外收获创造条件。

例如，在申请斯坦福大学商学院时，我将自己从以色列搬到得克萨斯州埃尔帕索的经历写成了一篇文章。我确信自己不寻常的背景会提高被录取的概率。招生委员会能否意识到，在获得 MBA（工商管理硕士）学位后，我的生活和职业会发生怎样的变化？显然他们无法预测具体的结果。但是他们不也像莉萨·金博尔一样，为意外收获创造了合适的环境吗？

斯坦福招生模式

玛丽·穆基尼深受斯坦福大学商学院学生的爱戴。[1]她担任了 10 年的招生主管，负责学生的录取工作。每一封录取通知书都附有一份她手写的便条，上面列出了录取原因。

"以往的招生模式，"她说道，"要求学生成为全才。所有的学生都必须精通数学、英语、音乐和科学等方面。"这种想法是合理的，因为大学希望自己的学生不仅擅长标准化考试，而且有扎实的学术基础。

但玛丽发现，仅仅招收全才型学生是远远不够的。"在过去的 20 年里，"她接着说道，"这种模式已经发生了改变。如今的招生模式尊重个性化差异。每一个被录取的学生都有自己独特的个性和视角。他们互相激励，共同进步。"

你或许会认为，在斯坦福大学这所全美顶尖高校中，玛丽的工作很轻松：她从一群优秀的申请者中挑选目标，而这些申请者在本科阶段就已经很出色，或者在工作中小有成就。但同时，玛丽也肩负着重大的责任：她该如何打造一个新生班级，让学生互相学习、共同进步呢？

玛丽聘请了艾利森·劳斯作为招生委员会成员，后者是本书合著者朱达的挚友，所以我们向他求教招生委员会的决策流程。艾利森出生在南布朗克斯的贫民区。在从宾夕法尼亚大学毕业后，他就在该校的本科招生部门工作。如今，他已经成为全美顶尖商学院的招生把关人。

"班级中有50%～60%的人，差不多是这个比例，"艾利森说，"拥有不错的学术能力和良好的教养。这一低风险群体能够顺利入学并取得优异的成绩。通过人文科学课程的学习，他们在毕业后会进入高盛等投资银行或者咨询公司工作。"[2]

这些人通常在工作2～4年后申请斯坦福商学院。他们都擅长量化分析，有扎实的商业基础知识，精通数字和数据处理，了解如何提出恰当的问题并将答案运用于相应的情境。我们称这一组人为必胜者。他们毕业于斯坦福大学、哈佛大学、普林斯顿大学、宾夕法尼亚大学、达特茅斯大学和加州大学伯克利分校等名校。他们是一流的学生,能够战胜各种挑战。

班级中的另一类人,比例占5%~15%,是艾利森和玛丽所说的"独具才华之人":他们擅长某个领域,但不一定是学术领域。这个群体可能学业成绩不错,但不一定是最优秀的。他们的GMAT(经企管理研究生入学考试)分数还行,但不一定是满分。他们的优势在于拥有一种非凡的能力,他们可能是世界著名的古典小提琴家、奥运会游泳选手或者物理天才。在一次迎新会上,玛丽对新生说道:"你们中的一些人很了不起,我们有一位NASA(美国国家航空航天局)前员工,也是一位火箭科学家。她真是太厉害了。"全班鼓掌欢迎。

班级中的第三类人约占25%的比例,他们为班级增添了多样性。他们能够应付学习,来自不同的文化、种族、宗教和地区。"你要让学生了解他们之间的差异并不大,"艾利森表示,"你要让学生习惯多样性,从而创建更好的公司。人们倾向于雇用那些和他们长相相似、行为相似的人。我们要让他们能够和更多不同的人相处,促进更多不同观点的交流。"

班级中的第四类人是最吸引人的一个群体。他们带来了一种不同的多样性——经历的多样性,就他们所经历过的事情而言。他们可能没有取得传统意义上的优异成绩,但他们往往克服了巨大的困难。我们把这类人叫作"秘密武器",因为他们给学生群体增添了活力和特色。

一些"秘密武器"可能在伊拉克和阿富汗服过役；他们可能是钢铁厂的经理；他们可能一边从事高压工作，一边作为单亲抚养子女。他们通常来自少有人涉足的行业，为那些直接从金融业和咨询业进入商学院的学生（占比为50%~60%）提供真实的商业经验。

"这些学生能帮助班级立足于现实，"艾利森解释道，"如果一个班级有60个人，他们正在阅读一个关于大公司收购小公司的商业案例，这家小公司的CEO会如何做出决策？如果班上有人曾在小公司工作，了解小公司的内部运作，那么他就会改变其他学生对这个案例的看法。"

我记得，在开学的头几周，有一位教授用一个案例来介绍壳牌石油公司如何应对绿色和平组织对其业务的抗议活动。案例中提到了那些声名狼藉的充气艇，这时一位退役海军军官低声说道："那些充气艇真是讨厌的麻烦。"她周围的人都笑了起来。

"你是什么意思？"教授问她。

"我当时在其中一艘海军舰艇上。"她描述了当时的情形：绿色和平组织的小艇在你的舰艇周围飞快地穿梭，而你作为一名海军军官需要决定如何回应。

这种不寻常的视角不仅在课堂上有用。艾利森说道："如果你的课涉及工会谈判，而你的学生中有一位钢铁厂经理，那么他切入谈判的视角就会与来自高盛的学生不同。钢铁厂经理真的与工会成员打过交道。另外，因为他们是同学，他们将成为彼此人脉的一部分，这意味着他们的人脉将更加多样化。"

不过，所有学生都有一个共同的决定性的品质。

艾利森说："招生不是组建一个班级，而是创建一个社区。我招收友善、乐于助人的学生。他们会成为优秀校友吗？他们会是友好的社区成员吗？他们会适应这里的文化吗？这关乎价值观。我无法教你培养价值观，我们都做不到。我们的学生必须愿意成为社区的一分子并承担相应的责任。"如果你在经济或学术上有优势，那么招生团队希望看到你对自身优势的自我反思。

"当我看到有人只说自己'非常努力'时，这不是一件好事。"艾利森说道，"其他的品质呢？我想听到的是，你不仅努力，还能帮助别人取得进步。"

在本科招生中，招生办公室会寻找一定数量"染上学校色彩"的学生——想要加入学校社区、成为活跃校友，并将之视作申请理由的学生。在斯坦福大学商学院，招生团队也在寻找同样的人。他们想要招收那些珍视学校、班级和同学的学生，试图营造一种环境，确保学生接触来自全球和社会不同领域的各类优秀人才。他们努力确保学生重视彼此的观点、经验和立场。他们有意识地致力于建设一个重视反思、提倡友善的社区。

正是在围绕这些价值观构建组织的过程中，他们有了意外收获。这个过程的有趣之处在于，它在各个领域都有不同的变种。虽然目标可能不同，但通向意外收获的路径是相似的。

筹划晚宴的三个策略

罗宾·斯塔巴克·法曼法米安喜欢微笑，有着一头金色的鬈发……如果穿上4英寸的高跟鞋，她的身高可能达到5英尺5英寸（约1.65米）。[3]她是旧金山芭蕾舞团的委员会成员，曾经担任芭蕾舞团的理事、团长和晚会主办人长达3年。她也擅长举办晚宴。

提到这一点，大多数人认为她擅长提供美味的食物，为客人营造温馨的环境，并邀请有趣的嘉宾。她确实做到了上述事情，就像招生委员会成员看待GPA（平均学分绩点）和考试成绩一样。但是，根据罗宾的说法，策划一场成功的晚宴远非如此。她认为晚宴是一次创造意外收获的机会。"聪明的主办人都知道，一次成功的派对必然伴随一些机缘巧合的元素，"她说道，"那是快乐所在。但这并不意味着你不能提前做好规划，从而提高晚宴的成功率。"

在一起吃早午餐时，我们试图找出她提高晚宴成功率的秘诀。她开始告诉我们一些在筹办过程中需要投入的心思：照顾客人的需求，保持对话的节奏，甚至提供最佳的灯光效果。"如果想让活动更正式一些，"她说，以餐点为例，"我会点燃蜡烛，调低吊灯的亮度，播放柔和的背景音乐。"正是这种体贴的态度让客人倍感愉悦。但是她接下来透露的三个策略令人惊讶。

第一个策略是，无论活动的规模、地点如何，正式与否，罗宾总是会确定活动的目标。这听起来有点儿反直觉——我们期待意外收获会自然出现，对吧？

"我首先会问自己：这次活动的目标是什么？"她解释说。记住，有组织的意外收获介于计划事件和随机事件之间。我们可以采取措施推动意外收获的发生。在一次晚宴上，罗宾说道："我们的目标是玩得开心。而在其他时候，这个目标可能是为一位客人或我自己寻求一次商业机会，或者为一场慈善活动制造声势，或者讨论医疗保健体系的未来。"

目标和议程截然不同。你聚集一群人，但不限制他们，这在企业环境中同样适用。"每当你把一群人聚在一起时，你就必须设定预期，并让事情的发展符合预期，"她说道，"这就是你追求幸福的过程。"

罗宾接下来透露的第二个策略很微妙，也很重要。你不仅要关注那些会促进意外收获的事情，还得花费大量时间预防那些会破坏意外收获的事情。"你不会希望来宾都是内向的人，"她说，随后列举了一些她担心的事情，"你需要两三个外向的人来维持气氛。"罗宾补充说，而且要考虑是否有任何客人可能和别人合不来——"除非看他们争吵很有趣，"她笑着说，"即使他们没有大声争吵，人们也会感到有什么不对劲儿，但他们不知道原因。任何主办人都无法解决这个问题。"

罗宾说，我们得让客人感到舒适。"比如，我们得确保每个人衣着得体，每个人的着装风格差不多。"罗宾可能会直接告诉男士们穿西装，或者更巧妙地告诉女士们应该如何着装。"如果有人穿着牛仔裤和运动鞋出现，但其他人都穿着酒会礼服，穿牛仔裤的客人可能会感到不自在。"

第三个策略涉及在不可避免地被其他事情分散注意力时该如何寻求帮助。"我是一个非常好的主办人，"她肯定地说，"但出于主办责任，我有时不得不离开晚宴现场——比如，我得去检查晚餐的准备情况，给客人开门，把外套放在床上，或者和某位客人进行私下的交谈。"所以她说，绝对有必要邀请一个第二主办人，一个非常外向和善于交谈的人。"优秀的主办人知道如何引导对话。"

但如果你认为罗宾只会策划晚宴，那你就错了。她是奇点大学负责战略关系的副校长。

奇点大学并不是传统意义上的大学，它的使命是向商业和政治领导人传授以指数级速度增长的技术。它孵化的一些项目看起来似乎源自科幻小说：计算机驱动的汽车，能为病人治病的纳米机器人，能向全球交通不便地区分发物资的无人机。

在奇点大学，罗宾运用上述三大策略确保各大公司CEO和政治领导人的访问尽可能富有成效。她表示："我的工作是建立关系，增加参与度，为意外收获创造条件。"

沙龙和《赫芬顿邮报》

这是一场让八卦媒体和狗仔队垂涎三尺的聚会。[4] 参与者有30多人，来自各行各业，包括女星梅格·瑞恩、影视大亨大卫·格芬、喜剧大师拉里·戴维、《白宫风云》的编剧阿伦·索尔金、民主党政治顾问彼得·达乌和詹姆斯·博伊斯。你可能会认为这是一场电影首映礼，或者是奥斯卡颁奖典礼后的派对。但这些人有一个共同的目标：改变美国的政治面貌。

他们的成就令人惊叹。

我所说的上述聚会有着悠久的传统，可以追溯到法国大革命前夕，以及有组织的意外收获最初的社会形式：法国沙龙。18世纪的沙龙得名于法国庄园中女主人所使用的接待室。[5]这些房间由女主人管理，因此在性质上并不是官方政治权力的所在地，那些权力属于领主或国王。但是这些聚会却提供了一个更为开放、更为灵活的氛围，吸引了知识分子、艺术家、政治家和富豪前来交流文化动态。卢梭或伏尔泰可能前来探讨人性和政府的公正治理，而在场的有权有势之人则倾听并重视他们的观点。

这些沙龙并没有特定的议程或目标，它们只是一群志同道合之人畅所欲言的聚会场所。尽管它们看似不太重要（人们可以进行知识性的非结构化对话的非正式场所），但沙龙遵循了一套我们已经熟悉的强大秘诀。沙龙为18世纪的社会提供了一个没有议程的空白空间，它们在法国官方权力机构之外运作，邀请了不少异类。而结果，正如我们所期待的，令人惊讶。

美国独立战争的故事和思想在巴黎的沙龙中传播，激发了人民的情绪，最终引发了法国大革命。在随后的几年里，女性参政权和现代主义的理念也广受讨论，在更广泛的社会领域产生了同样巨大的影响。

这让我想起了当今，以及 2004 年 12 月 3 日在洛杉矶举办的一次聚会。

20 世纪 30 年代，大量欧洲知识分子为了摆脱欧洲日益蔓延的法西斯主义而来到洛杉矶。[6] 他们带来了沙龙的概念。女性日记小说家阿娜伊斯·宁在洛杉矶银湖区经营着真主花园沙龙，其成员包括作家雷蒙德·钱德勒、菲茨杰拉德、剧作家贝托尔特·布莱希特。作家托马斯·曼是某沙龙的常客，奥尔德斯·赫胥黎也举办了自己的沙龙。

沙龙在洛杉矶风靡一时。正如洛杉矶艺术博物馆艺术与文化研究所的负责人保罗·霍尔登格拉伯所说："洛杉矶是一座特别混乱的城市，一座没有真正中心的城市。我们需要一个场所来分享日常生活和感受。"举办沙龙的名人也包含阿里安娜·赫芬顿，她举办了令人羡慕的读书沙龙。"洛杉矶有很多种面貌，"赫芬顿说道，"而读书沙龙的一个目标在于把洛杉矶的各种面貌联系起来。"这些读书沙龙经常有好莱坞精英参加，而且没有一个固定的话题，也没有具体的议程——参与者只是聚在一起聊天。但当你把来自社会各行各业的不同背景的人聚在一起时，他们可能迸发出大量的创意。

在约翰·克里于2004年美国大选中惨败的一个月后，许多有影响力的民主党人感到沮丧，想要做点儿什么。赫芬顿已经举办了多年的读书沙龙，她于当年12月初在家举办了一次沙龙。赫芬顿非常谨慎地挑选客人名单。遵循沙龙偶然性的本质，这次聚会没有具体的议程。但是，与罗宾·法曼法米安的派对类似，这次聚会有一个目标：重返白宫。具体而言，这次聚会旨在对有影响力的在线出版物《德拉吉报道》做出自由主义的回应。

这次沙龙促使了《赫芬顿邮报》的诞生。

值得注意的是，在2004年12月的那个晚上，于阿里安娜·赫芬顿家中聚会的许多人都是异类，他们不是你在做出战略性政治决策时希望面对的人。政治不是他们的专长或影响力所在。把他们聚在一起的是玛丽·穆基尼和艾利森·劳斯在处理MBA申请中重视的品质——对社区的承诺，在当时的情况下，即致力于改变当前政治风向的好莱坞社区。

阿里安娜·赫芬顿对名人的宣传可能看似浮夸，但是《赫芬顿邮报》早期吸引读者的举措之一就是利用了名人博客这一形式。自那以后，《赫芬顿邮报》作为一份强调左翼观点的出版物，影响力延续至今。

第七章
三要素汇总：
混乱的硅谷

持续创造新产业的奥秘

　　站在罗伯特·斯旺森的立场上，他与赫伯特·伯耶博士的会面会让我们大多数人感到不安。[1] 那是在 1973 年，伯耶作为加州大学旧金山分校医学院的一名研究人员，正在进行的研究引起了国际关注。他发明了一种将两个不同物种的 DNA 片段组合并形成一条新的 DNA 链的方法。这项技术非常重要，如果能够将新的 DNA 链重新引入细胞，改造过的细胞在经过训练后即可对抗特定的疾病或作为专门的疫苗。

　　罗伯特·斯旺森当时 29 岁，在一家名为凯鹏华盈的初创风险投资公司工作。[2] 他的目标是说服伯耶博士，DNA 研究是成立一家新公司的绝佳基础。伯耶不知道为什么一个来自硅谷核心地带的技术型风险投资家会找到他这个生物化学家。他对这次会面毫无兴趣，只给了对方10分钟。

但斯旺森的话一定很有说服力。这次10分钟的会面延长到3个小时。在会面结束时，伯耶同意凯鹏华盈投资基因泰克这家新公司。在两年内，基因泰克就发现了从克隆DNA中生产人胰岛素的方法，并由此打开了生物技术产业的大门。

硅谷的名称源自其标志性产业，即微芯片制造所使用的关键元素，为什么它直到今天也能够持续创造新的产业呢？更具体地说，为什么硅谷能够持续地做到这一点，而全球其他城市和地区却不行？

全球几乎没有其他地区能像硅谷那样拥有如此惊人的韧性和创造力。世界上大多数著名的地区都与单一的产品或行业相关联。意大利摩德纳以香脂醋闻名。意大利帕尔马以熏火腿而出名。底特律以汽车工业而闻名，被称为汽车之城。匹兹堡因钢铁而出名。洛杉矶是世界娱乐之都，好莱坞闻名全球。

虽然好莱坞仍然制作电影，底特律仍然制造汽车，摩德纳仍然制造香脂醋，但硅谷发展出的经济模式不仅仅基于硅。硅谷已经成为生物技术、医疗技术、互联网技术、社交网络和新兴的绿色技术领域的中心，以及社会创业的沃土。当然，问题在于，硅谷是如何做到这一点的。

精英社交网络与风险投资

有三个有趣的理论可以帮助我们理解硅谷的独特性。前两个来自加州大学伯克利分校教授安纳李·萨克森尼安的著作《区域优势：硅谷与 128 号公路的文化和竞争》。

萨克森尼安的第一个理论涉及硅谷密集的社交网络。[3] 也就是说，如果你召集了大量的聪明人，他们就会互相接触、交谈，产生互动，从而促进意外收获的诞生。

例如，企业家弗兰克·莱文森曾经听取了一场关于濒危家畜的演讲[4]，一方面是因为他上幼儿园的女儿喜欢猫，另一方面是因为他的女儿恰巧是以太网技术的传奇发明者鲍勃·梅特卡夫的女儿的朋友。梅特卡夫则是因为他的妻子赞助了这次活动而前往现场。

鉴于莱文森的公司菲尼萨在光纤行业的业务陷入困境，梅特卡夫建议莱文森支持既定的行业标准，从而增强自身对科技行业的吸引力。莱文森接受了这个建议，菲尼萨公司的业务开始好转，该公司最终成为光纤解决方案领域的领军企业之一。

安纳李·萨克森尼安的第二个理论起源于 1872 年通过的《加州民法典》中的一项条款。[5] 这项条款保证了该州雇员选择自己工作地点的权利。这意味着企业不能要求员工签署竞业禁止条款。这项法律在过去几十年里持续生效，产生了一些意想不到但极其有益的效果。

贝尔实验室晶体管的共同发明人威廉·肖克利于1956年来到加利福尼亚州山景城，在当地成立了以自己名字命名的公司——肖克利晶体管公司。[6]但肖克利除了因晶体管这项发明而出名，还以无能的管理风格而臭名昭著。例如，有一次，他为了解决一个相当愚蠢的办公室问题，竟然让公司里的每个人都接受测谎仪测试。但真正令年轻工程师们不满的是，肖克利放弃了硅。肖克利的晶体管由锗元素制成，这种元素容易使用，但价格昂贵。而硅则正好相反——资源丰富，价格低廉。另外，由于硅的熔点很高，用硅制成的晶体管相比用锗制成的晶体管拥有更好的耐高温性。但在当时，硅的加工是一项难题，正是因为它的熔点很高。起初，肖克利试图解决硅的实用性问题，但后来他放弃了这个项目。

彼时，大多数人倾向于在一家公司工作一辈子，但肖克利手下最聪明的8位年轻工程师却不这么认为。如果不是因为1872年《加州民法典》取消了竞业禁止条款，他们在当时只有两个选择：要么留在公司，要么辞职，但以后不得从事同一行业的工作。但在加州，他们可以创办一家竞争公司——仙童半导体公司，而肖克利对此无能为力。

仙童半导体公司确实发现了一种更高效的硅加工方法,并将之用于晶体管制造。在仙童半导体的创始人中,尤金·克莱纳日后成了凯鹏华盈的联合创始人,这家风险投资公司投资了基因泰克。故事并未结束。仙童半导体的另一位创始成员罗伯特·诺伊斯申请了一项硅制集成电路板的专利。在仙童半导体工作了 10 多年后,诺伊斯和他的同事戈登·摩尔辞职创业,成立了英特尔。

这样的趋势在今天仍在延续。Yammer(一个企业社会化网络服务平台)、YouTube、特斯拉和领英之间有什么共同之处? 它们都是由贝宝的前员工创立的公司。硅谷的精英们从一家公司跳槽到另一家公司,他们身怀绝技,是创新和创业精神的践行者。从有序混乱的角度来看,硅谷密集的社交网络加快了意外收获的进程,员工的自由流动使得异类从一家公司跳槽到另一家公司。

关于硅谷崛起的另一种理论与金钱有关。

由 8 名工程师创办的仙童半导体公司的名字源于一位叫谢尔曼·费尔柴尔德[①]的投资人。[7]一位年轻有为的 MBA 学员阿瑟·洛克牵线搭桥,促成了这笔投资。这些人都在纽约。东海

---

① 费尔柴尔德的英文 Fairchild 有"仙童"之意。——编者注

岸的资本不允许员工持股。然而，由于没有公司股份，一些工程师最终离开了仙童半导体，自行创业。后来，阿瑟·洛克前往西海岸，创建了硅谷第一家重要的风险投资公司，它后来投资了英特尔和苹果。

如今，只要经过加州门洛帕克的沙山路，你就能明白融资对硅谷的重要性。标杆资本公司位于沙山路2480号，它投资了Instagram（照片墙）、Yelp（美国最大的点评网站）和推特。走到沙山路2750号，你会看见凯鹏华盈，它投资了谷歌、财捷集团、美国在线公司、康柏电脑公司、赛门铁克公司、威瑞信公司、星佳公司、美国在线医疗信息服务平台WebMD和基因泰克。再往前几步，来到沙山路2882号，你会看到德丰杰风险投资公司，它投资了太阳能系统提供商SolarCity、电子邮件服务商Hotmail（现为Outlook）和搜索引擎公司Overture。在距我们的出发地不到1英里的沙山路3000号，你就能看到红杉资本的办公室，它投资了谷歌、优兔、贝宝、思科系统、甲骨文公司和照片墙。

为何硅谷要吸收这么多的精英？它又是如何做到这一点的呢？要知道，硅谷诞生之初，员工跳槽是罕见的事情，即使是在加州。那么，硅谷的哪些文化特质促进了员工跳槽呢？为什么风险投资公司都聚集在硅谷呢？

这些问题的答案与智商测试、肺结核及战后的军事有关，我从斯坦福大学、哥伦比亚大学和哈佛大学的经济学教授史蒂夫·布兰克那里首次听说了这个观点。

硅谷之父

如果没有智商测试或者说它的发明者刘易斯·推孟，硅谷也许不会成为如今的传奇。

这位心理学家于1910年在斯坦福大学获得教授职位，他10岁的儿子弗雷德里克跟他生活在一起。[8] 弗雷德里克·推孟长大后在斯坦福大学获得了电气工程学位，并继续在麻省理工学院攻读博士学位。在他拿到博士学位后，麻省理工学院邀请他留校任教。于是，推孟利用这次空闲的暑假出门远行。然而，这次返回童年故乡帕洛阿尔托的毕业旅行，却意外地对他的生命造成了威胁。

1924年，推孟在帕洛阿尔托感染了肺结核。当时没有抗生素治愈这种疾病，所以推孟无法回到麻省理工学院教书，只能卧病在床，胸前横放着沙袋，以尽量固定胸部。幸运的是，推孟最终恢复了健康。在他染病的一年后，他之前在斯坦福大学的导师向他提供了一个兼职教职。

值得注意的是，在那个年代，斯坦福大学远不如今天这样声名显赫、财力雄厚。我们可以感受一下推孟当时的教学环境。在大萧条的打击下，学校电气工程系大楼的屋顶漏水，但没钱修补，学生们只能用木质托盘接水。学校没钱聘请新的教职工，推孟只能鼓励学生自行组织研讨会，互相学习。

从一开始，推孟就信奉宽松的管理。例如，他没有要求他的学生威廉·休利特和戴维·帕卡德留在学术界，而是支持他们创立自己的公司。于是，他们在帕卡德家后面的一个车库里开始了创业。

正是在斯坦福大学，推孟奠定了硅谷日后腾飞的基础。他不仅使斯坦福大学跻身全美最好的大学之列，而且为创业者提供了空白空间，并建立了一个对异类持友好态度的社区。

这一切都始于军事。[9]"你必须意识到，在硅谷诞生之前，在长达30年的时间里，这里是一个国防谷。"史蒂夫·布兰克告诉我。布兰克大学辍学，在硅谷参与了8个创业项目，其中有4个成功上市。他的房子建在一处悬崖之上，附近风景如画。从房中远眺，太平洋像一个无边无际的泳池般延伸到远处的地平线。硅谷对布兰克很仁慈。

布兰克解释道，在美国参加第二次世界大战时，富兰克林·罗斯福总统的首席科学顾问范内瓦·布什建议联邦政府直接向大学实验室提供4.5亿美元的国防合同。这对学术机构来说是一大利好，至少对其中的一些机构如此。

麻省理工学院得到了1.17亿美元的联邦资金，用来建立一个专门改进雷达技术的秘密实验室，以帮助盟军侦察敌方的飞行器。与此同时，在查尔斯河对岸，哈佛大学拿到了3 000万美元的联邦资金，也建立了自己的秘密实验室，并聘请了斯坦福大学的推孟教授来主持实验室工作。这个实验室专门研究雷达干扰技术，以阻止德国雷达定位盟军飞机。麻省理工学院根本不知道哈佛实验室的存在：研究人员有几次发现实验室里的雷达不工作，对此极为困惑。他们不知道这是因为推孟在哈佛大学的实验室里无意间干扰了他们的雷达。

与此同时，斯坦福大学受到了冷落。当数百万美元流入其他大学时，斯坦福大学只得到了5万美元。习惯了屋顶漏水的推孟注意到了其中巨大的差距，当他在战后回到斯坦福大学担任工程学院院长时，他渴望解决这个问题。幸运的是，他求助了他在麻省理工学院的博士生导师范内瓦·布什。

推孟劝说他在哈佛大学实验室的11名工程师创立了斯坦福研究所（SRI）。据此，斯坦福大学获得了联邦资金来研发微波雷达，用于追踪苏联的导弹。

多年后，当推孟担任教务长时，斯坦福大学想要扩建校园，但苦于资金不足。当利兰·斯坦福签署契约，拿出自己的8 000英亩[①]土地建立斯坦福大学时，他禁止出售学校任何的土地。但这份契约并未涉及租赁条款。推孟向企业提供长期租约，鼓励它们在斯坦福大学附近设立分公司。他创建了斯坦福研究园，很快就有许多企业入驻，包括伊士曼柯达公司、通用电气公司、洛克希德·马丁公司，以及他的学生创立的惠普。

推孟创建 SRI 和斯坦福研究园时恰逢朝鲜战争和苏联核威胁上升。通过为武器开发商提供所需的空间，研究园吸引它们来到帕洛阿尔托与斯坦福大学合作。而随着苏联发射"斯普特尼克号"人造卫星，美国的国防研究资金急剧增加。小企业投资公司在美国成立，旨在帮助创办新的企业，以 3∶1 的比率匹配投资。资金开始涌入硅谷。

推孟是一个为斯坦福大学定位以充分利用国防开支的高手，但仅仅这样还不足以推动硅谷的腾飞。当军方向斯坦福大学提供资金时，军方希望后者既能研发技术又能生产实物。然而，推孟只同意进行研究，他希望将生产置于学校之外，交给斯坦福研究园内的公司负责。但仅有这些公司还不足以满足需

---

① 1英亩约为 4 047 平方米。——编者注

求——这样的企业多多益善。

与此同时，推孟本人与硅谷之间的联系越来越紧密。史蒂夫·布兰克解释道："到20世纪50年代后期，推孟已经进入了中央情报局顾问委员会。他还是美国陆军和海军的顾问委员会成员。他进入了第一批上市的三家公司的董事会。推孟就是一个独当一面的风险投资大师。"

空闲时间也是一种工作时间

在20世纪50年代，当联邦政府的资金开始涌入斯坦福大学时，推孟鼓励他的一些研究生放弃读博，转而自行创业。

在美国东北部，一个学院院长提供如此建议是罕见的。但是西海岸在文化上更加年轻。推孟轻松地在斯坦福大学颠覆了传统，因为那里没有太多束缚。当时，哈佛大学已经有300多年的历史了，而斯坦福大学勉强75年，后者没有势力强大的校友会提出反对意见，也没有太多固定的行事规则。然而，在美国东部，上大学并取得学位，只是在IBM（国际商业机器公司）、通用电气、西屋电气等巨头谋得一份好工作的敲门砖。很少有人重视学业，更别说辍学创业了。但如今，无论在哪所大学，每个辍学创业的大学生——从史蒂夫·乔布斯到比尔·盖茨，从拉里·埃里森到马克·扎克伯格——都热衷于此，部分原因在于弗雷德里克·推孟将辍学创业打造成了技术文化中可接受的一部分。

在冷战期间，斯坦福大学工程学院为美国中央情报局和国家安全局承担了先进的研发工作，但真正建立体系的是斯坦福大学的学生以及他们的创业公司。为了让斯坦福大学实验室的成果更容易转化为创业项目，推孟放宽了知识产权的转让条件。你只需要花几分钟就可以拿走你在斯坦福大学取得的研究成果，获得它的所有权，然后创办自己的公司。

如果推孟没有实施宽松的知识产权政策，谢尔盖·布林和拉里·佩奇就不可能从斯坦福大学的博士项目中辍学，转而创办谷歌。桑德拉·勒纳和莱昂纳多·波萨克也不可能辞职去创办思科。维诺德·科斯拉和斯科特·麦克尼利也不可能与研究生同学安迪·贝希托尔斯海姆联合创办太阳微系统公司。该公司最初的工作站，也就是该公司赖以创立的产品，最初是为斯坦福大学的网络设计的，并且是使用该校计算机科学系的零件制造的。

在离开斯坦福大学之前，这些未来的创业者有时间思考，不用担心发工资、增加销售额或参加公司会议。[10]这种倡导留出足够的空间，甚至保护这个空间的理念，至今仍然流行。文件存储和共享服务提供商 Box 公司的人事总监埃文·威滕伯格说道:"我坚信空闲时间也是一种工作时间。"

埃文看起来非常年轻,他曾任沃顿商学院研究生领导力项目的主管、谷歌全球领导力发展的负责人、惠普的首席人才官。他深知空闲时间是努力工作的必要补充。"你的辛勤工作是你空闲时间的基础。你要全力以赴地工作,然后当你坐在树下的时候,灵感就会涌现。"

Box 公司积极鼓励员工在工作日放松。在位于洛斯阿尔托斯的总部,你可能会看到有员工在玩任天堂 Wii 游戏机或者从两层楼高的滑梯上滑下来。"这些活动可以转换我们的思维模式,"埃文解释道,"对激发创新性突破大有裨益。空闲时间和改变环境都很重要。你会看到公司员工在大楼里走来走去,互相交谈。他们其实是在开会。他们从室内走到了室外,抛弃了浑浊的空气,迎接新鲜的空气,离开了人造灯光,转而拥抱自然光。"

鼓励意外收获的最佳举措

新公司需要资金才能启动。美国东部的年轻工程师无法想象刚从学校毕业就创办自己的公司，因为没人会为他们提供资金。毕竟，他们还很年轻，而且显然缺乏成功的经验。但推孟不是那种会把学生扔进深水区让其自行学会游泳之人。

推孟利用他的政府关系，为学生的创业公司提供资金。在此期间，他把异类——一些有新奇想法和不同视角的年轻毕业生——引入了创业界。同时，他也把学者引入了商界。过去，教授只待在学术象牙塔里，而推孟鼓励他们加入学生的创业公司的董事会，担任顾问和导师。

在硅谷，任何人都有可能成为企业家。正是在这种文化中，罗伯特·诺伊斯，从威廉·肖克利的公司辞职，转而成为组建仙童半导体公司的八位工程师之一，后来与戈登·摩尔联合创办了英特尔。

在精彩文章《两个去西部的年轻人》中，汤姆·沃尔夫将诺伊斯的管理风格追溯到后者在美国持不同意见的新教传统（公理制）下的成长经历。[11] 在一个强调集体领导的宗教环境中，诺伊斯被灌输了一种宽松的管理风格，一种削弱等级制度、重视公司所有成员意见的理念。

在英特尔，诺伊斯赋予了年轻工程师极大的自由。正如沃尔夫所说："英特尔的中层管理者比东部地区的大多数副总裁担负着更多的责任。"事实证明，这种对年轻员工自主权的信任，在20世纪70年代初极有远见。当时一位名叫特德·霍夫的年轻电气工程师在英特尔发明了微处理器。随着微处理器的发明，新一代独立的年轻企业家开始组建创业公司，他们有时甚至将公司设在车库内。

广纳贤才的理念弥漫在硅谷的各个角落。[12]"我希望你在日常工作中展现个性，"埃文·威滕伯格告诉我，"因为这才是你真实的自我、完整的自我。我们需要这样。让不同性格的人相互交流大有裨益。如果团队成员的性格相似，他们之间就不太可能互相学习、共同进步。我们的客户多种多样，从世界自然基金会到宝洁公司和施耐德电气有限公司，多样化的员工可以帮助我们了解客户。我的意思是，公司招聘部门和工程部门的负责人是国家级水平的乐队指挥。我认为这是一件非常好的事情。我们有一名员工来自希格斯玻色子的发现团队，有一名员工曾经获得世界杂技比赛的冠军，有两名员工曾是职业啦啦队队员，有一名员工曾经在围棋比赛中夺冠。我很庆幸他们加入了公司，并且公司鼓励他们分享自己的想法。"

推孟的目标并不是创造一种创业文化，但这正是他所做到的。他独自设定了硅谷的标准和规范，加速了意外收获的发生，创造了一个前所未见的创新引擎。

维持这种文化是领导者鼓励意外收获的最佳举措。在Box

公司，所有人，包括首席执行官在内，都没有办公室，这样更有利于鼓励员工流动和相互沟通。员工可以参加任何会议。当然，这个目标在两年前更容易达成，因为当时只有30位员工，"每个人都在忙碌"。如今，公司员工达到了200名，要维持这种有组织的意外收获的文化就更难了。

所以Box公司的员工每周二都会举办一次"聚餐"活动。在开放式餐厅里，8张桌子上都盖着桌布。坐在其中的一张桌子旁即表明你想结识同桌的其他人。你可以随意落座，与你不曾相识的同事聊天。这个想法不仅是为了让员工互相认识，同时也是在提醒大家，公司鼓励这种行为。

可控性混乱还在吗

"你要知道，弗雷德里克·推孟有自己的目的，"史蒂夫·布兰克说道，"他想帮助自己的国家在冷战中获胜。"[13] 为了说明这一点，布兰克向我讲述了他的导师比尔·佩里的经历。

"他拥有数学博士学位，被誉为隐形技术的奠基人之一。他原本在喜万年国际照明集团工作，后来和其他8人一起创立了半导体公司ESL。"佩里之所以离开原公司，不是因为他想赚钱，而是因为他想帮助美国在冷战中战胜苏联。"他认定，打败苏联的最佳方法不是制造更高级的坦克，因为对方可以仿造出类似的坦克，性能与美国的不相上下。他的结论是，打败苏联的方法是在工程领域超越它。获胜的关键不是坦克，而是半导体。苏联人可以偷走半导体，但无法制造半导体。"

想象一下，有一位创业者出于爱国之心而创立了一家公司。实际上，硅谷文化背后的目的激发了这一产业的生产力。但是，冷战结束后，目的从应对危机变成了追求利润。也就是说，如今的工程师不再为了一个更高的理想工作，他们只想致富。布兰克认为，这种价值观的转变已经开始削弱推孟精心编织的纽带。

经历了60多年的增长和创新，硅谷的企业巨头不再依靠政府的资助。它们的投资来自以盈利为目的的私人风险投资公司。工程师不再努力在工程领域超越对手国家，他们只想在首次公开募股中超越自己的竞争对手。脸书和推特对"阿拉伯之春"的政治影响虽然有待商榷，但并不是这些社交媒体建立的初衷，而是意料之外的结果。

硅谷的一大优势在于工程人才可以自由地跳槽。[14]然而，在2010年，美国司法部就一起反垄断案件与Adobe公司、谷歌、财捷、英特尔、皮克斯和苹果达成和解，这些公司被指控达成了一项互不挖墙脚的秘密协议。"我认为我们不会招聘苹果公司的员工。"时任谷歌首席执行官在一封本应保密的电子邮件中写道。一封 2005 年的电子邮件曝光了 Adobe 公司前首席执行官布鲁斯·奇岑与苹果之间"互不挖墙脚"的协议。随着此类电子邮件接二连三地被曝光，这些公司在没有认罪的情况下与司法部达成了和解。

如果顶尖人才无法跳槽，那么思想的交流就会中断。有才华的软件工程师可能不再对硅谷感兴趣。如果这种情况发生了，网络的密集度就会下降，创造力也会减弱。

这种赚钱文化的一个副产品是"人才并购"的兴起。[15] 有钱的大公司收购小型创业公司——不是看中后者的产品或研究，而是看中后者有才华的员工。创新产品可能永远不会进入市场。这些"人才"被并入更大的组织中，从基层涌现的创新会减少。

但是，也许硅谷面临的最大危机在于专利流氓的崛起。[16] 推孟的一大创新举措在于简化了斯坦福大学实验室与私营公司之间知识产权的转移。硅谷在这一制度的背景下发明了数以万计的专利。如今，在追求资产变现能力的文化背景下，所有企业都在大量购买各种专利，然后寻找并起诉试图利用这些专利的公司，或者强迫它们支付专利费。专利流氓的所作所为严重阻碍了有组织的意外收获。以往将教授、学生、天使投资人和非主流思想者联系起来的非正式网络本可以孕育创新者和新贵，但如今也受到了影响。

硅谷最大的优势之一在于它可以推进意外收获，但这种优势是否也在逐渐弱化？硅谷之所以能成为一块磁铁，是因为你永远不知道你会在那里遇到什么人。人们觉得有必要来到硅谷，是因为这里成功的概率更高。这就是有组织的意外收获的核心——增加你走运的机会。但随着大公司试图留住关键员工，限制人才流动，通过专利锁定知识产权，它们正试图把运气留给自己。

然而，尽管硅谷的创新文化可能处于危险之中，但它仍然在继续蓬勃发展，没有任何地区能够取代它。每隔几年，我们就会听说全球其他地区正在兴建类似硅谷的区域，但这些所谓的"硅谷"从来没有成功。政府或机构无法简单地通过意志打造一个动态的系统，而通过立法来促进创新是对硅谷运作方式的根本误解：硅谷是空白空间、异类和有组织的意外收获共同作用的结果。硅谷的形成不依赖上级命令，它是在思想的意外碰撞和开放交流的情况下自发形成的，没有人预先针对可能的结果制订相应的计划。这就是可控性混乱的美妙之处。

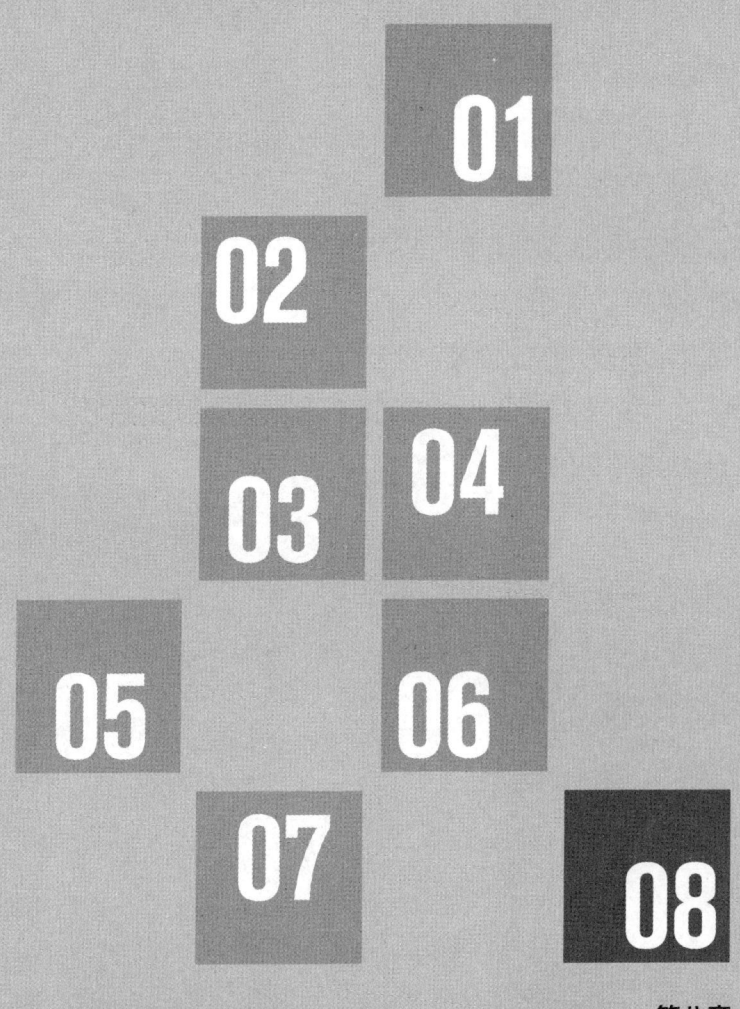

第八章

可控性混乱的
五大规则

这间房间里的每一件物品都大有来头。这是美国内战时期第三步兵团的旗帜。"这是我加入的第一个兵团。"登普西上将在五角大楼里带我参观他的办公室时回忆道。当时我与登普西上将代表的军方合作已有三年，我对这个机构与美国历史的深厚联系深表敬意和赞赏。办公室墙上挂着一幅"马歇尔计划"的缔造者乔治·马歇尔将军的油画。"在我担任参谋长联席会议主席时，"登普西上将回忆道，"我必须钦佩马歇尔所做的一切，惊叹于他在如此多元化领域中取得的成就。"登普西上将办公桌的原主人是麦克阿瑟将军，他在此指挥了二战时期的太平洋战争。

如果说这些物品是历史的合唱，那么有一个声音异常突出。在麦克阿瑟那张宏伟的老式办公桌上，整齐地摆放着各类颜色编码的文件夹和装裱好的家庭照片,还有一个木盒,上面刻着"英灵不朽"。正如前文所述,盒子里装着登普西上将手下阵亡士兵的卡片。

在过去的几年里,我几乎每天都会想起这个木盒。我觉得自己开始逐渐了解那些士兵。我遇到了许多和他们一样忠诚的军官和士兵。我曾和他们的家人共进晚餐。在了解到他们的壮举之后,我更加明白了他们当初为何要参军,为国效力。

"外面的世界并不安全,"登普西上将说道,"武器流入了以前无法接触它们的人手中。被统治者和统治者之间的关系正在变化,权力从中心分散。这一切都会造成混乱。我们的控制力大大减弱了。"

无论你是美国武装部队的首脑,还是公司的部门经理,在面对混乱时,你可能会采取强硬手段,尽可能地恢复秩序。我们很容易试图把混乱从我们的生活和组织中消除。如果你所在的部门不够高效,你就会实施更严格的控制,强制执行签到和时间安排,或者更密切地与相关人员合作,确保部门业务正常运转。

如果我们接受这样一个前提,即世界正变得越来越混乱——从中东到美国本土乃至全球市场——就会产生一个奇怪的悖论。在试图遏制混乱的同时,我们也会扼杀创造力和新想法,而它们本可以推动业务的发展,打造一个更加光明的未来。

我一直主张把混乱引入我们的组织流程和决策中，并长期与军方就这一点达成合作。但我们不应该盲从，需要确保一切顺利。正如我们所看到的，我们从《可控性混乱》中理解到的一个关键点在于，虽然引入混乱本身就是一件混乱的事情，但我们有相应的规则来管理混乱。以下五条规则适用于各种团体和组织，无论你是试图改变像军队这样拥有数百万成员的组织，还是试图改变一家初创公司，或者想要在一所学校中有所作为。

规则1：不受数据和衡量结果的诱惑

"如果只看数据，"史蒂夫·罗特科夫有一天对我说道，"美军征服伊拉克似乎是件轻而易举的事。"

"这些数据真不靠谱。"我表示。难道军方的分析有误？

"不见得是数据不准确，"罗特科夫继续说道，"问题在于，我们试图在一个不确定的情况下应用精确度，从而遗漏了重要的信息。"也就是说，那些不精确的信息被我们忽视了，而后果是灾难性的。

多年来，我逐渐意识到军队中一句格言堪称真理：如果你无法衡量它，那么它就不存在。我记得一个例子，它涉及我与军校之间的合作。

在我的项目中，团队成员分享了关于海外作战、战友牺牲的故事，也有人希望能够利用可控性混乱成为更好的领导者。团队讨论了如何让更多的声音参与对话，如何在日常生活中创造空白空间，以及如何增进军队不同成员之间的沟通。

这个项目收到了非常积极的反馈。一位军官在评估中写道，这个项目是"我服役12年间所接触过的最与众不同的领导力培训项目。它比我参与过的4次战斗部署更有价值"。另一位军官认为这个项目是"有生以来最能促进自我反思和增强自我意识的机会"。还有一位军官给我写信，谈到了他的家庭以及这个项目对他的"心灵、婚姻、作为父亲的职责和自我看法的影响。我希望这种经历不仅仅对我有益"。

赞美的话语固然美好，但数据才是关键。在项目结束几个月后进行的一次调查中，90%的参与者能够举出至少一个他们因这次项目而发生改变的例子，90%的参与者能够举出至少一个他们通过整合自身所学来取得突出成绩的例子。

但是，这样的个体证据对军校来说仍然不够严谨。虽然反馈非常正面，但很难将其适用于标准的军队评估模式。我们难以对更好的领导者或更具创新性的问题解决者设置客观的评价标准。

军方想要准确衡量我的教学内容对项目学员的影响。虽然动机很好，但接下来发生的事情却有些可笑。在一节课上，学校派来了一位评估员，他随身携带一份检查表和一支笔，目的是评估项目学员在几个月后的表现。在这种情况下，学员们在这所非军事学校的表现成了评估标准。

这位评估员仔细记录了项目学员的举手次数，并将这个数字与没有参加过该项目的成员进行比较。要知道，被评估的学员都是优秀的军官——他们中的大多数都曾带领部队参加战斗。然而，根据军方的假设，如果我的培训项目培养出了更好的军官，他们就应该在课堂上更积极主动，因此更有可能举手。

举手次数调查是一次试图将精确度引入混乱方程式的尝试，但它完全没抓住重点。"如果可以通过举手次数来评估（军队中的）混乱，"一位军官告诉我，"那军队应该直接买些肘托，这样我们可以一整天都举着手。"

有组织的混乱在本质上与精确度矛盾。试图通过衡量结果（比如，默认模式网络应该每天提供3.8项洞察）来应用精确度，会掩盖可控性混乱在结构化组织中的作用，也无法让人们认识到这个过程的微妙之处和细微差别。

第八章 可控性混乱的五大规则

规则2：确保混乱是可控的

"我们在这里的工作，"科特·沃辛顿说道，他是加州大学伯克利分校的教授，曾和我共同组织军队圆圈会议，"就像是开着一辆卡车沿着山路下坡。"

"一条弯弯曲曲、冰雪覆盖的山路。"我接着说。

"对，而且刹车不太管用。"他笑了起来。

"方向盘也有点儿松。"

混乱流程的管理对控制欲强的人来说是一种挑战。比如，我们很难想象自己能够像乔·尼兰兹教授那样对凯利·穆利斯在生物化学实验室里的胡闹保持耐心，这不可能发生在如今的工作场所。在想起乔跟我说起"一千朵鲜花"的时候，我仍然很受鼓舞。不过，事情也有另一面。我们不能忽视这样一个事实：穆利斯所处的研究环境是一种极具结构化的环境，充满了规章制度、大学预算和官僚体系。乔扮演了一个双重角色，他既鼓励混乱，又限制了混乱。在让学校与穆利斯的研究保持一定距离的同时，他也确保穆利斯按照计划完成了既定的研究。当然，乔也意识到了穆利斯的天赋——给这个与众不同又才华横溢的天才一些自由发挥的空间是值得的。乔并不是随便从大街上拉一个人进他的实验室。

同样，任天堂 CEO 山内溥保护了宫本茂，向后者提供了创新的自由。但如果没有任天堂提供的框架，宫本茂也不可能创作出《大金刚》。CEO 创造并维持了一个混乱的空间，同时确保公司的其他部门运行良好。

斯坦福大学商学院也促进了意外收获的发生，但所有学生都会告诉你，那里也有必修课以及极具挑战性的完整课程。意外收获在这种结构化的环境中发生了。

而如果没有军队结构，我也不可能成功地把可控性混乱带入军队。登普西上将曾说："我们是有等级制度的。但事实上，战争已经弱化了等级制度，让军队变得更加混乱。"

我上次和登普西上将交谈是在 2013 年的头几个月里，当时他正面临自动减赤带来的预算不确定性等困境。"预算的不确定性，坦白说，让引入混乱变得非常困难。我和企业领导者陷入了同样的境地。我们正试图在面对不确定性时引入混乱。这很有趣，"他接着说道，"拥有了确定性，我们才能实现预期的改变（引入混乱）。"

这就是前两条规则的悖论。我们的领导者需要忍受不确定性和不精确性，同时在混乱中创造稳定性。

规则 3：发挥空白空间的作用

以下是创造和维持空白空间的 5 种具体方法。

1. 不要把空白空间和懒惰混为一谈

记住，空白空间不仅仅能够提供非结构化的自由时间。玩电子游戏或上网冲浪可能不是空白空间的一种有效利用形式，但是小睡一会儿——信不信由你——可能是。

纽约诺斯波特退伍军人事务部下属医疗中心的研究人员招募了一些以过劳著称的新手内科住院医师，并给他们提供了如同沙漠中的水一样珍贵的东西：睡眠。[1]但这是有代价的。在爬进舒适的小睡舱之前，住院医师必须参加一些测试，这些测试旨在检测受试对象的注意缺陷和认知功能。然后，研究人员将测试结果与不被允许睡觉的住院医师进行比较。后者的认知功能"相对不变"，但注意力不集中率提高了。被允许小睡的住院医师在两项指标上都表现得更好：他们的认知能力显著提高，注意力不集中率从 15.4% 降到了 10.8%。

在了解默认模式网络的运作机制之后，难怪思科系统和宝洁等公司开始采用午睡舱。

2. 当我们远离任务时，我们仍然需要一个目标

请记住，在你已经为一个项目付出了大量心血，并且心中有一个明确的目标时，空白空间的效果特别显著。比如，弗兰克·盖里为他的摩天大楼难题苦思了几个月。他的目标很明确——要让这栋建筑具有运动感。

在"黑客马拉松"这项起源于硅谷的活动中，工程师有一整晚的时间来处理其他人的项目，或者构思全新的项目。重要的是，这项活动提供了一定的空白空间和一个明确的目标：所有人在第二天或下周展示自己的创意。

如果你带领自己的团队外出，在会议或活动结束时听取团队成员的想法，给他们制定明确的目标；你如果能抽出一整天的时间，比如和你的团队花费两小时在享受比萨的过程中进行头脑风暴这样简单的事情，也可以激发新的想法。

3. 合适的空白空间

一个组织应该留出多少空白空间，我们没有一个标准的答案。

不妨直接问问你的同事："你是否有足够的时间进行头脑风暴，探索新的方法？你是否总是疲于应对突发事件和日常琐事？"

在和军官合作的过程中，我经常询问他们对结构化程度的需求。令人意外的是，在大多数情况下，他们反而希望减少空闲时间。

4. 运动起来

就像小睡能够激活人类大脑的默认模式网络一样，运动也能起同样的作用，特别是那些不需要高度专注的运动（比如使用楼梯机、跑步机，或者骑动感单车）。

英国利兹都会大学的吉姆·麦克纳博士主持了一项研究，旨在评估运动对工作的影响。当然，运动对我们的健康和体形有益，但麦克纳发现，在运动的那些天里，65%的员工的时间管理能力、生产力和人际沟通能力得到了提高。

5. 创造一点儿空白空间

我从莉萨·金博尔那里学到了一种非常实用的技巧，了解了如何在任意规模和时长的会议中创造一些空白空间。

大多数人都认为一场成功的会议需要参与者积极投入，交流意见。我们几乎不能忍受尴尬的沉默。所以，当我们提出一个问题时，我们只给参与者一两秒，然后就指定某人回答，或者直接进入下一个话题。

但是当莉萨提出一个问题时，为了给参与者更多的时间酝酿想法，她会慢慢地数到20。"我不会和任何人对视，"她解释道，"因为这会造成压力，所以我只是低头看我的鞋子。"出乎意料的是，这样做会产生更多绝妙的想法。"虽然听起来很傻，但是很多次有人在我数到18或19的时候发言。"

同样，我们可以尝试在开始讨论之前，让所有人花一分钟静静地思考自己的想法。这个意想不到的方法可能激发新的想法。事实上，很奇怪的是，在某些时候，有人会在时间还没到之前就打破沉默。我一开始就会告诉团队，虽然这可能会让人感到不适，但我们要坚持一分钟的沉默。"这是我第一次，"一位参与者告诉我，"在表达自己的想法之前进行严肃的思考。60秒能带来不小的改变！"

规则4：接受异类

"我发现，"登普西上将在和我最近的一次谈话中说道，"如果我不主动学习，那么我不仅无法进步，甚至会退步。"我认为，这个观点不仅适用于登普西上将，也适用于当今的各类组织。

当我们聘请或招募某人加入团队时，我们往往倾向于选择我们的同类人。正如我和我的哥哥罗姆在《亲密》一书中阐述的，共同点——哪怕是一些微不足道的相似之处，比如同名同姓或同生日——会让我们更加喜欢对方、更加信任对方，并且更乐于帮助对方。

有许多心理因素驱使我们去接触那些在思想、行为、背景和兴趣上与我们类似的人，因此我们需要有意识地寻找一些异类。在寻找的过程中，你可以询问自己以下几个问题。

1. 这个人是否真的与众不同

年龄、种族、性别、宗教的差异，并不是判断异类的绝对标准。这样的人可能会用相同的思路和方法来应对组织、技术或运营方面的问题。

另外，异类的判断标准可能会因环境而发生变化。在当时的伯尔尼大学物理系中，爱因斯坦就是一个异类。这里有一个简单的判断标准：你平时是否很少接触这类人。当然，这也可能让你走向另一个极端。

2. 你是否把不寻常和疯狂混为一谈

威廉·迈纳医生身处柚木书架之间。他是一名训练有素的外科医生，但在后半生迷恋上了文字。这位医生经常收到用棕色纸包裹、用细绳扎紧的书籍。在阅读时，他会认真做笔记，并对特定的单词及其用法建立索引。

在19世纪末，《牛津英语词典》（OED）制定了一个宏大的目标，力图提供每个单词在历代书籍和戏剧中的用法示例。OED的工作人员向热心读者寻求帮助，迈纳医生欣然接受了这项任务。

迈纳医生得到的第一个单词是art（艺术）。在查看自己的索引后，迈纳医生很快就找到了一些可追溯至16世纪的用法示例。牛津的学者工作繁忙，薪水微薄，而且依赖一种低效的索引系统，对他们来说，迈纳医生是天赐之人。每当遇到难题时，他们只需寄出一封信，迈纳医生就会按时回复，最终提供了超过1.2万个示例：在外部贡献者中一骑绝尘。这位医生行动迅速、准确无误，很快就成了OED团队不可或缺的一员。

你需要了解迈纳医生的一些情况，他的柚木书房位于布罗德莫尔精神病院的2号楼内。他因为残忍杀害一名无辜者而被囚禁于此。有人推测他患有创伤后应激障碍。还有人发现他有精神分裂症。

毫无疑问，OED团队从迈纳医生的工作中受益匪浅。但我们中的大多数人都不愿意和这样一个人在相邻的办公室共事。

扪心自问，这个潜在的异类是否能够与你的团队或组织成员和睦相处，或者其是否会带来无法容忍的干扰。这个人能否接受一定程度的管理和监督，或者是否完全无法在一个等级制度中发挥作用？你平时是否很少接触此人——他是不是你会刻意回避的人？

当然，你寻求的异类可能就在走廊里，已经在组织内部了。

3. 邀请组织内部的人加入

还记得莉萨·金博尔在医院里组织的分组讨论吗？每当她指导一个小组，有人说"他们"或"那些人"之类的话时，她就会立刻打断对话。这不是出于政治正确，而是为了寻找异类。

"一旦我们谈到其他部门的人，"莉萨说，"就意味着我们谈论的对象也需要参与讨论。"在打断对话后，莉萨会给那个潜在的异类打电话，邀请对方参加下次讨论，或者带着整个小组拜访对方。

换言之，如果大家提及或涉及了小组外成员，这意味着对方在某种程度上与这次讨论有关。其不在场可能是一个暗示，说明其就是小组眼中的异类（我们平时很少接触的人）。邀请新人——来自不同部门或领域，或来自公司及组织内不同的层级——加入可以帮助人们打开意外收获的大门。

规则 5：安排意外收获

虽然有组织的意外收获这一概念似乎看起来不可捉摸，但它也是最容易实施的——你只需要设定条件，鼓励人们进行自发的互动。记住，有组织的意外收获绝非等待好运降临。

为了打破官僚主义的繁文缛节，促进政府人员之间的合作，荷兰政府提出了各种倡议，包括一个名为"共享椅子"的在线预约系统。每个政府办公室都会留出一部分空间供其他政府机构使用。个人或团体需要做的就是登录并在线预约，就像你在工作中预约会议室一样。

政府人员出于各种原因预约使用这类办公空间。有的人想要离家近一点儿，不希望每天开车 60 英里上下班。有的人则享受每周在当地城市的不同地点工作。荷兰政府鼓励来自不同部门的人员将自己的专业知识和想法带入其本来永远不会接触的办公室。

这一主题的重要性怎么强调都不为过。鼓励有组织的意外收获的目的在于营造开放的氛围，促进新想法的产生，并让大家互相交流。想象一下这种自发的思想碰撞可能带来多少意外惊喜。

在最近拜访登普西上将时，我问他为什么决定和我进行混乱实验，这个实验有意义吗？他沉思了几秒后回答说："其实，我们没有别的选择。这不是一个玩笑——'观察领导者如何应对混乱，不也挺有意思吗？'这关乎如何有效地应对我们所处的新世界。"我完全同意这一点。无论我们是效力于政府部门还是硅谷的新秀公司，无论我们是从事能源行业还是服务业，我们都要应对不断变化的环境。为了提高组织的灵活性、韧性、响应速度和创新力——为了生存——我们必须接受混乱成为生活的一部分，甚至是主动寻求混乱。

致谢

奥瑞·布莱福曼：

一本关于混乱的书自然会有其混乱的一面，这再合适不过了。本书是在军事基地的深夜写的，是在旧金山的咖啡馆里写的，也是在藏有珠宝箱、设有情报局的纽约公寓里写的。我感谢所有让这次"旅行"成为可能的人。

朱达·波拉克自本书构思之初，便一直作为伙伴参与了写作过程的每一个环节，风雨同舟。他那无尽的好奇心、不懈的奉献精神，还有他的创造性思维，就如同一台非凡创意孵化器，我很幸运能从中受益。罗姆·布莱福曼一直坚持让整个写作过程免于过度混乱，他是任何人都期望拥有的最有支持能力、最无私的兄弟。凯利·麦克维克在写作和编辑过程中起了决定性作用，在我最需要的时候给予我鼓励、启发，还带来了许多有魔力的点子。史蒂夫·罗特科夫对军队的深入了解非常有价值，我很感激在这个过程中有他这样的朋友。希拉里·罗伯茨和她的红铅笔一直都让我写作的内容听起来更加优雅，而这可不是件容易的事。我很欣赏艾莉森·罗伯茨、希瑟·冈瑟和洛丽·马西森的慧眼，他们在我写作的不同阶段，都花时间读了我的手稿。

能够认识马丁·登普西将军，我很幸运。他的领导力甚至让我这样一个伯克利人都对军队充满了信心。戴夫·霍兰一直是一位值得信赖的向导，他给了我很多非常有用的建议。马克西·麦克法兰和格雷格·方特诺特是把我的项目推向军方的关键人物。我一直都感激参与该项目的士兵和军官，以及全美各地现役士兵及其家人。

埃斯特·纽伯格和她在ICM（国际建设管理学会）的团队——莉兹·法雷尔、卡丽·斯图尔特和佐伊·桑德勒——一直是坚定不移的支持者。我想不出我身边还会有比这更好的团队。罗杰·肖尔也是一位有创造力的盟友，一位友好的编辑。与他在兰登书屋的团队——出版人蒂娜·康斯特布尔、主编莫罗·迪普雷塔、宣传和营销总监塔拉·吉尔布赖特、宣传代理人阿耶莱特·格伦斯佩克特、责任编辑辛迪·伯曼、编辑助理德里克·里德、内文设计师金颂熙和封面设计师德鲁·狄克逊——一起工作让我感到很愉快。

在整个写作过程中，我得到了家人和朋友的大力支持：齐拉和哈格·布莱福曼、尼拉·蔡金、乔斯林·埃尔塞、梅根和约翰·哈钦森、莉萨·金博尔、科特·沃辛顿、罗恩·里奇、奇普·科尔伯特、杰森·托马斯、马特·布雷迪、丹尼斯·埃格里、埃米·波斯皮赫、迪娜·卡普兰、诺亚·卡根、马特·米勒和凯蒂·布朗、戴维·布拉特、科里·莫德斯特、阿维瓦·莫希尔纳、杰西卡·劳克林、莉兹·奥唐奈、萨拉·奥尔森、乔什·罗森布拉姆、马克·施洛斯贝格、迈克尔·布雷耶、埃米·舒斯特、拉赫曼·布莱克、皮特·西姆斯、鲁迪·坦、帕姆和罗伊·韦伯、金伯利·威科夫、梅勒妮·耶尔顿、巴雷特·霍恩、罗恩·马丁，还有很多人。生命中有你们，我很幸运。

朱达·波拉克：

首先，我要感谢奥瑞·布莱福曼，他问我正在做什么，然后邀请我参加这次"旅行"，并风雨无阻地驾驶这艘"船"。感谢我的正式导游：罗森伯格、本吉、艾莎、科特、莉萨。也感谢我的非正式导游：阿伦、巴雷特、奥利维亚。我的天才女士们——塞拉和梅格，感谢你们让我加入。感谢那些耐心十足的灵魂人物：达西、凯特、多夫、迈克尔、德巴拉蒂、诺亚、休、妈妈和爸爸，他们都是我的家人，一直在听我讲述。感谢塔拉如此爱我。

注释

序言 最关键的问题

1. 罗恩·里奇的信息来源于作者从 2010 年 9 月至 11 月对里奇进行的一系列采访。

第一章 混乱：变革与创新之源

1. Peter Gay and R. K. Webb, *Modern Europe to 1815* (1973), 52; Walter S. Zapotoczny, "The Political and Social Consequences of the Black Death, 1348–1351" (2006), www.wzaponline.com/BlackDeath.pdf, 2; Jack Weatherford, *Genghis Khan and the Making of the Modern World* (2004), 245.
2. David Herlihy, *The Black Death and the Transformation of the West* (1997), 17.
3. 同上，51。
4. Weatherford, 158–59.
5. Norman F. Cantor, *In the Wake of the Plague* (2001), 11–12.

6. 同上，21。
7. TK.
8. Cantor, 21–22.
9. Herlihy, 22.
10. Charles Van Doren, *A History of Knowledge* (1992).
11. Gay and Webb, 64.
12. 同上，20。
13. 同上，60–69。
14. Herlihy, 60–70.
15. Cantor, 206–7.
16. Weatherford, 245.
17. Ross King, *Brunelleschi's Dome: How a Renaissance Genius Reinvented Architecture* (2001).
18. TK.
19. Fall of Constantinople. 待补充作者全名和发表年份，无论这是一本书还是一篇文章。
20. Herlihy, 49–50.
21. Van Doren.
22. W. P. Armstrong, "Drift Seeds and Drift Fruits," waynesword.palomar.edu/pldec398.htm.
23. Forest Encyclopedia Network, "Fire Effects on Soil Nutrients," www.forestencyclopedia.net/p/p679.
24. Katherine Harmon, "A Theory Set in Stone: An Asteroid Killed the Dinosaurs After All," *Scientific American*, March 4, 2010, www.

scientificamerican.com/article.cfm?id=asteroid-killed-dinosaurs.
25. 基于从 2010 年到 2013 年对退役上校史蒂夫·罗特科夫的采访。

第二章 可控性混乱三要素

1. Ivars Peterson, "Trouble with Wild Card Poker," http://mathtourist. blogspot.com/2009/02/trouble-with-wild-card-poker.html; Presh Talwalkar, "Wild Card Poker Paradox," http://mindyourdecisions.com/blog/2010/05/25/wild-card-poker-paradox.
2. Jason Fried, "Why I Gave My Company a Month Off," *Inc.*, August 22, 2012,www.inc.com/magazine/201209/jason-fried/why-company-a-month-off.html; Jessica Stillman, "TK," *Inc.*, date, URL.
3. John Reinan, "Why Gallup Hates Nate Silver," date, location [publication or URL].
4. Peter Keating, "Predicting the Future," *ESPN Magazine*, December 4, 2012.
5. 所有关于开放结构和对抗医院中葡萄球菌感染传播的故事都来源于从 2010 年至 2012 年对莉萨·金博尔的采访。

第三章 爱因斯坦的大脑

1. Dennis Overbye, *Einstein in Love: A Scientific Romance* (2000), 147.
2. Jon Hamilton, "Einstein's Brain Unlocks Some Mysteries of the Mind," *Morning Edition*, NPR, June 2, 2010.
3. Dustin Grinnell, "What's So Special About Einstein's Brain," *Eureka*, May 7, 2012, http://crivereureka.com/einsteins-brain.

4. Marian Diamond, "On the Brain of a Scientist: Albert Einstein" *Experimental Neurology*, April 1985, www.ncbi.nlm.nih.gov/pubmed/3979509; Dr. David Dubin, "Glia: The Cinderella of Brain Cells," Akashia Center for Integrative Medicine, www.akashacenter.com/resources/articles/glia-the-cinderella-of-brain-cells; N. Heins, "Glial Cells Generate Neurons: The Role of the Transcription Factor Pax6," *Nature Neuroscience*, April 2002, www.ncbi.nlm.nih.gov/pubmed/11896398.
5. Overbye, 19–27.
6. 同上，49。
7. 同上，62。
8. Genevieve Bell, talk at TEDx Sydney, "The Value of Boredom," 2011.
9. Marcus Raichle, "The Brain's Dark Energy," *Scientific American*, March 2010, 44–49; Stephen Wiedner, "Interview with UCSB Psychology Professor Jonathan Schooler," *Noomii*, April 17, 2009, www.noomii.com/blog/174-interview-with-meta-awareness-professor-jonathan-schooler.
10. 来源于在 CGSC 完成的工作和对史蒂夫·罗特科夫上校的采访。
11. Office of Superintendent of Public Instruction, "Elementary and Secondary Education Act," www.k12.wa.us/esea; U.S. Department of Education, "Title I—Improving the Academic Achievement of the Disadvantaged," www2.ed.gov/policy/elsec/leg/esea02/pg1.html.
12. National Commission on Excellence in Education, *A Nation at Risk: The Imperative for Educational Reform* (1983); Margaret

A. Jorgensen and Jenny Hoffmann, "History of the No Child Left Behind Act of 2001 (NCLB)," Person Assessment Report, 2003.
13. TK.
14. "No Child Left Behind," *Education Week*, updated September 19, 2011, www.edweek.org/ew/issues/no-child-left-behind; Brian Resnick, "The Mess of No Child Left Behind," *Atlantic Monthly*, December 16, 2011.
15. TK.
16. "No Child Left Behind," *Education Week*; William J. Bennett, "U.S. Lag in Science, Math a Disaster in the Making," CNN.com, February 9, 2012, www.cnn.com/2012/02/09/opinion/bennett-stem-education.
17. "Best Education in the World: Finland, South Korea Top Country Rankings, U.S. Rated Average," *Huffington Post*, November 27, 2012, http://www.huffingtonpost.com/2012/11/27/best-education-in-the-wor_n_2199795.html.
18. Harry Wray, *Japanese and American Education: Attitudes and Practices* (1999), 255–59.
19. Overbye, 91.
20. Ken Burns, *Thomas Jefferson* (TK, TK) 待补充出版者和出版年份。
21. TK.
22. Overbye, 109–12.
23. Romina M. Barros, Ellen J. Silver, and Ruth E. K. Sten, "School Recess and Group Classroom Behavior," *Pediatrics*, February 1, 2009.
24. Anthony D. Pellegrini, "Preschool and Primary School Education:

Give Children a Break," *Jakarta Post*, March 28, 2005.
25. Anthony Pellegrini and Catherine Bohn, "The Role of Recess in Children's Cognitive Performance and School Adjustment," *Research News and Comment*, January/February 2005.
26. Harold W. Stevenson, "Learning from Asian schools," *Scientific American*, December 1992.
27. Joe Verghese, "Leisure Activities and the Risk of Dementia in the Elderly," *New England Journal of Medicine*, June 2003.
28. Richard Powers, "Use It or Lose It: Dancing Makes You Smarter," Stanford University, July 30, 2010, http://socialdance.stanford.edu/syllabi/smarter.htm.
29. Overbye, 112.
30. 同上，121。
31. 同上，124–40; Peter Galison, *Einstein's Clocks, Poincaré's Maps* (2003), 14–26, 243–63。
32. Overbye, 150.

第四章　混乱背后的神经生物学

1. Paul Goldberger, "Gracious Living," *New Yorker*, March 7, 2011.
2. Paul Strathern, *Medeleyev's Dream: The Quest for the Elements* (2002).
3. Raichle; Michael D. Greicius, "Functional Connectivity in the Resting Brain: A Network Analysis of the Default Mode Hypothesis," *PNAS*, August 21, 2002, 253–58.

4. Greicius.
5. Raichle.
6. Greicius; Raichle.
7. Raichle.
8. Debra A. Gusnard, "Medial Prefrontal Cortex and Self-Referential Mental Activity: Relation to a Default Mode of Brain Function," *PNAS*, March 20, 2001.
9. John M. Pearson, "Neurons in Posterior Cingulate Cortex Signal Exploratory Decisions in a Dynamic Multioption Choice Task," *Current Biology*, September 2009; John M. Pearson, "Posterior Cingulate Cortex: Adapting Behavior to a Changing World," *Trends in Cognitive Sciences*, April 2011; Mandana Modirrousta and Lesley K. Fellows, "Dorsal Medial Prefrontal Cortex Plays a Necessary Role in Rapid Error Prediction in Humans," *Journal of Neuroscience*, December 17, 2008.
10. Gusnard; Yvette L. Sheline, "The Default Mode Network and Self-Referential Processes In Depression," *PNAS*, December 2008; interview with Yvette L. Sheline, "Yvette Sheline on the 'Default Mode Network' and Depression," YouTube, December 2010.
11. Marcel Proust, *Remembrance of Things Past* (TK).
12. Pearson.
13. Peter Fransson and Guillaume Marrelec, "The Precuneus/Posterior Cingulate Cortex Plays a Pivotal Role in the Default Mode Network: Evidence from a Partial Correlation Network Analysis," *NeuroImage*,

September 2008.
14. Goldberger.
15. Jackie Cooperman, "Frank Gehry: A Sit-Down with the Artist of Architecture," *Wall Street Journal*, April 2, 2011.
16. Marcelle Auclair, *Saint Teresa of Avila* (1953).
17. Charlene O'Hanlon, "Gary Starkweather—Laser Printer Inventor," CRN News, November 13, 2002.
18. Strathern.
19. Overbye, 135.
20. Stephen Levy, *In the Plex: How Google Thinks, Works, and Shapes Our Lives* (2011), 95–125.
21. J. K. Rowling, "Biography," *JKRowling.com*.
22. Amber J. Tietzel and Leon C. Lack, "The Recuperative Value of Brief and Ultra-Brief Naps on Alertness and Cognitive Performance," *Journal of Sleep Research*, September 2002.

第五章 裸体冲浪

1. "PCR: Introduction," National Center for Biotechnology Information, NIH, www.ncbi.nim.nih.gov; "Polymerase Chain Reaction (PCR)," YouTube, March 2010.
2. Kary Mullis, "Nobel Lecture," December 8, 1993.
3. David Sheff, *Game Over: How Nintendo Zapped an American Industry, Captured Your Dollars, and Enslaved Your Children* (1993), 3–56.
4. 同上，37。

5. Jervis Anderson, *This Was Harlem* (1981), 236, 240, 310; Marshall and Jean Stearns, *Jazz Dance* (1994), 110–11, 201–2; Ken Burns, *Jazz*, episodes 2 and 4, PBS, 2000.
6. Anderson, 309–13; Stearns, 296, 317, 324, 328; Burns, *Jazz*, episodes 3–5.
7. "Nicholas of Cusa," *Catholic Encyclopedia*, www.newadvent.org.
8. 来源于作者于 2010 年 9 月至 11 月对罗恩·里奇进行的一系列采访。
9. 来源于对美国陆军红队大学的史蒂夫·罗特科夫、凯文·本森的采访。

第六章 为意外收获创造条件

1. 来源于作者于 2012 年 9 月 26 日对玛丽·穆基尼的采访。
2. 来源于作者于 2012 年 9 月 28 日对艾利森·劳斯的采访。
3. 来源于作者于 2012 年 10 月 14 日对罗宾·斯塔巴克·法曼法米安的采访。
4. William D. Cohan, "Huffing and Puffing," *Vanity Fair*, February 2011.
5. 来源于作者于 2012 年 10 月 2 日对加州大学伯克利分校现代法语教授德巴拉蒂·桑亚尔的采访。
6. Anne-Marie O'Connor, "Reviving Salons as Hotbeds of New Ideas," *Los Angeles Times*, January 24, 2001.

第七章 三要素汇总：混乱的硅谷

1. Genentech, "Our Founders," gene.com; Leslie Pray, "Recombinant

DNA Technology and Transgenic Animals," nature.com/scitable, 2008.
2. Interview with Herbert Boyer, DNA Learning Center, dnalc.org.
3. AnnaLee Saxenian, *Regional Advantage: Culture and Competition in Silicon Valley and Route 128* (1996); AnnaLee Saxenian, "Silicon Valley vs. Route 128," *Inc.*, February 1, 1994.
4. Gregory Gomorov, "Silicon Valley History," netvalley.com, citing Frank Levinson, *A Tale of Lambs, Preschoolers, and Networking* (2001).
5. Saxenian, *Regional Advantage*.
6. "Bill Shockley: Part I," pbs.org, courtesy of the American Institute of Physics; Tom Wolfe, *Hooking Up* (2000), 17–65; Gomorov.
7. Arthur Rock, "Done Deals: Venture Capitalists Tell Their Story: Featured HBS Arthur Rock," Harvard Business School Working Knowledge series, www.hbswk.hbs.edu, December 4, 2000.
8. Carolyn E. Tajnai, "Fred Terman, the Father of Silicon Valley," Stanford Computer Forum, May 1985,www.siliconvalley-usa.com/about/terman.html; interview with Professor Steven Blank, May 2011.
9. 来源于对布兰克的采访。
10. 来源于2012年1月对埃文·威滕伯格的采访。
11. Wolfe, *Hooking Up*, 17–65.
12. 来源于对威滕伯格的采访。
13. 同9。
14. Dan Gillmor, "Collusion in Silicon Valley: How High Does It Go?" *Salon.com*, September 27, 2010.

15. Dan Bobkoff, "Employee Shopping: 'Acqui-Hire' Is the New Normal in Silicon Valley," "All Tech Considered," NPR.org, September 24, 2012.

16. Jacob Sugarman, "When Patent Trolls Attack," *Salon.com*, February 7, 2013.

第八章　可控性混乱的五大规则

1. Mohammad Amin et al., "The Effects of a Mid-Day Nap on the Neurocognitive Performance of First-Year Medical Residents: A Controlled Interventional Pilot Study," *Academic Medicine*, October 2012.